LE GRAND LIVRE DES ÉNIGMES NIKOLA TESLA

Publié en 2016 en Grande-Bretagne
par Carlton Books Limited (SevenOaks)
20 Mortimer Street – Londres WIT 3JW

Toutes les photos et illustrations de ce livre sont reproduites ici avec l'aimable autorisation de Corbis, de Dover Books, de Getty Images, d'Istockphoto.com, de Mary Evans Picture Library, de Shutterstock.com et de Topfoto.co.uk.

Traduction : Matthieu Farcot

ISBN : 978-2-501-11765-4
17-2505-8

Richard Galland

LE GRAND LIVRE DES ÉNIGMES NIKOLA TESLA

100 énigmes de physique, challenges mathématiques et casse-tête logiques !

MARABOUT

TABLE DES MATIÈRES

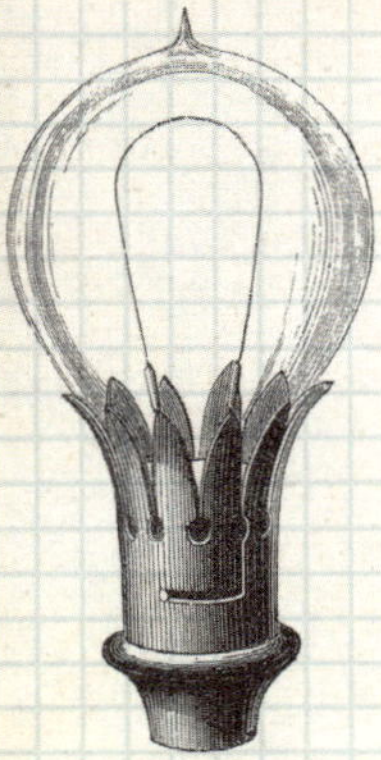

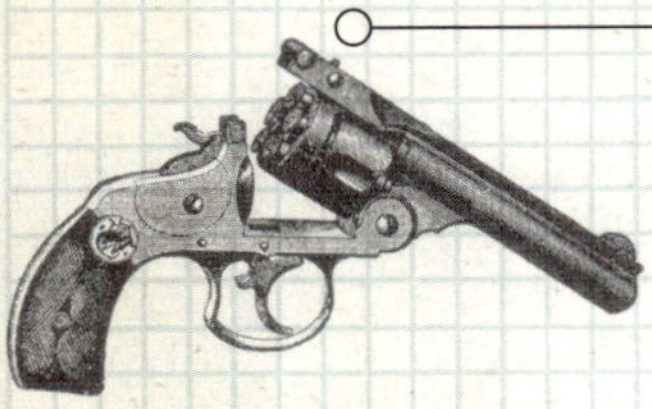

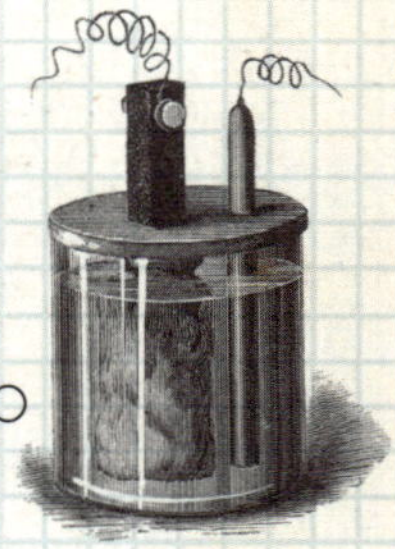

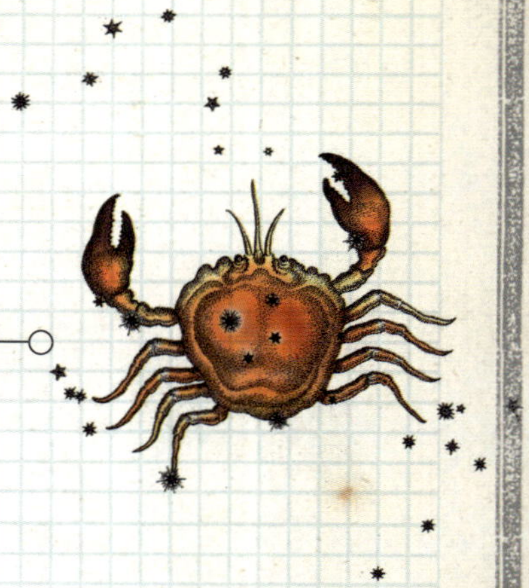

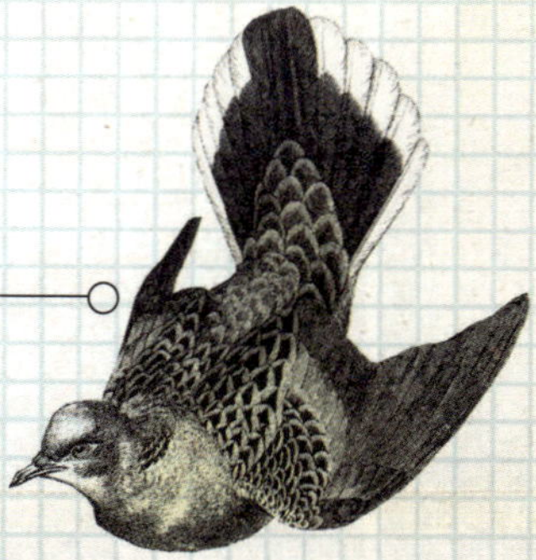

INTRODUCTION

L'électricité est aujourd'hui une chose normale pour nous ; d'une pression sur un bouton, les électrons se mettent à circuler et les appareils qui nous sont devenus indispensables prennent vie.

Mais ce n'est qu'à la fin du XIXe siècle qu'une foule soudaine d'innovations en électrotechnique et en transmission radioélectrique a conduit à notre ère de communication mondiale. Ces innovations ont été mises au point par de nombreux esprits brillants, dont certains sont restés relativement anonymes tandis que d'autres sont désormais des noms présents dans notre quotidien.

Nous devons en grande partie le courant alternatif (AC), qui nous permet d'avoir la lumière et d'autres commodités essentielles dans nos foyers, au travail d'un génie visionnaire dénommé Nikola Tesla.

L'histoire de Tesla foisonne de découvertes incroyables, d'ambitions impossibles et d'événements tragiques. Comme beaucoup d'hommes doués qui rêvent d'un avenir meilleur, il s'est trouvé en décalage avec le monde des affaires et s'est fait exploiter. Les idées de Tesla ont été à la fois tournées en ridicule et usurpées par son grand rival Thomas Edison, dont le nom est désormais synonyme d'électrotechnique.

La rivalité entre Tesla et Edison – qualifiée de « guerre des courants » – est devenue l'objet d'une grande fascination ces dernières années. Tesla est souvent salué en victime

héroïque et Edison présenté comme un profiteur malintentionné. Certes, le fait que ce dernier ait tenté de discréditer Tesla en électrocutant en public des éléphants avec du courant alternatif ne lui vaut pas l'affection d'un public amoureux des bêtes. Cependant, la technologie requiert des rêveurs mais aussi des personnes d'action ; il est donc juste de dire que les deux hommes méritent la reconnaissance.

L'héritage de Tesla est durable et apparaît dans des technologies aussi diverses que l'éclairage au néon, la radiographie et la communication sans fil. Il demeure une ambition qu'il n'a pas réalisée de son vivant : la mise au point d'une énergie transmise sans fil et illimitée, mais des progrès accomplis récemment pourraient un jour faire de ce rêve une réalité.

Lorsqu'on considère l'esprit d'un homme comme Tesla, on se demande souvent : s'agissait-il d'un génie-né ou son éducation y a-t-elle contribué ? Dès son plus jeune âge, ses parents l'ont encouragé à exercer et développer ses facultés intellectuelles. Le livre que vous tenez en main vise le même objectif : c'est un recueil d'énigmes basées pour la plupart sur la vie et le travail de Tesla. Vous y trouverez un grand nombre de problèmes mettant à l'épreuve votre logique, votre mémoire, votre sens de l'observation et même votre pensée latérale. J'espère que cela vous plaira et – qui sait – que vous découvrirez peut-être aussi votre génie intérieur.

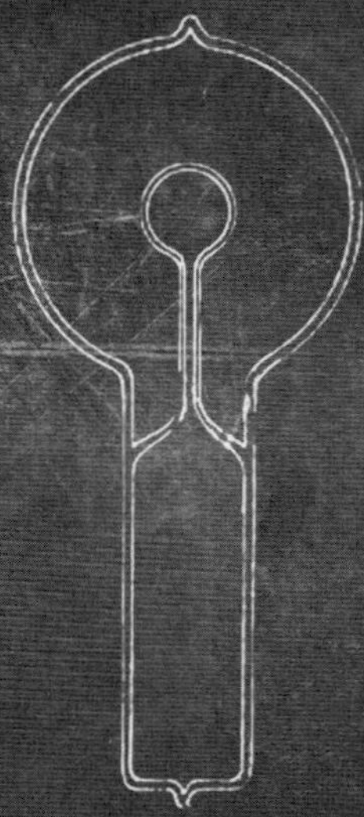

« L'être humain est un automate automoteur totalement soumis à des influences extérieures. Aussi délibérées et préconçues qu'elles puissent sembler, ses actions ne sont pas régies de l'intérieur, mais du dehors. Il est comme un flotteur ballotté par les vagues d'une mer agitée. »

NIKOLA TESLA

NÉ DANS UNE TEMPÊTE

Nikola Tesla est né à minuit précis le 10 juillet 1856 au village de Smiljan, à la frontière orientale de l'Autriche-Hongrie (désormais en Croatie).

Sa mère, Georgina Đuka, était une habile tisserande et elle-même une inventrice de talent ; Milutin, son père, était prêtre.

Un violent orage électrique se déchaînait lorsque Tesla est venu au monde, présage de circonstance pour un enfant qui deviendrait le « maître de la foudre ».

Laissez à présent votre esprit être comme la foudre et répondez rapidement à cette question :

Il y a 31 jours en juillet. Mais combien de mois en comptent 28 ?

Solution page 158

COMPLÉTEZ LA GRILLE I

Que doit contenir la case noire pour compléter la grille ?

SOLUTION PAGE 158

FOI, ESPOIR ET CLARTÉ

Milutin Tesla espérait que son fils deviendrait comme lui membre du clergé, mais Nikola contracta le choléra avant de pouvoir entrer au séminaire. Alors qu'il était alité et proche de la mort, le jeune génie supplia son père de le laisser faire des études d'ingénieur plutôt que de théologie. Milutin accepta, Nikola se rétablit de manière spectaculaire et sa place dans l'histoire fut assurée.

Sur la page ci-contre figurent différentes images. Prenez quelques minutes pour les mémoriser puis tournez la page…

« Laissons l'avenir révéler la vérité, et juger chacun en fonction de son travail et de ses accomplissements. Le présent est à eux ; l'avenir, pour lequel j'ai vraiment travaillé, m'appartient. »

NIKOLA TESLA

SOLUTION PAGE 159

HE · THAT · GIVETH · TO · THE · POOR · LENDETH · TO · THE · LORD
CHURCH EXPENSES

Deux éléments ont été permutés. Pouvez-vous dire lesquels ?

SUITE I

Complétez la suite ci-dessous.

Solution page 160

PIONNIERS DE L'ÂGE DE PIERRE

Certaines des plus grandes inventions de l'humanité sont antérieures aux premiers textes historiques. Amusons-nous à essayer de trouver qui a inventé quoi, qu'est-ce qui a inspiré sa découverte et comment sa tribu l'a récompensé.

1. *L'homme des cavernes, qui a été banni de sa tribu après avoir mangé d'étranges champignons, n'était ni Nigel ni l'inventeur du feu.*
2. *Ni Stig, qui a inventé la charrue, ni l'inventeur qui était vénéré comme un dieu, n'ont été inspirés par un orage.*
3. *L'inventeur de l'arc a été nommé chef par sa tribu. Il ne s'agit ni de Ugg ni de l'homme des cavernes qui a été inspiré en chassant le mammouth ; aucun des deux n'a vu un monument érigé en son honneur.*

	Invention	Inspiration	Récompense
Zog			
Ugg			
Stig			
Nigel			

Solution page 161

	Charrue	Feu	Arc	Roue	Champignons	Chasse	Tigre à dents de sabre	Orage	Vénéré	Nommé chef	Monument	Banni
Zog												
Ugg												
Stig	X											
Nigel		O			O							O
Vénéré												
Nommé chef												
Monument												
Banni												
Champignons												
Chasse												
Tigre à dents de sabre												
Orage												

SYSTÈME DE VALEURS I

Déterminez la valeur de chaque élément pour trouver quel nombre remplace le point d'interrogation.

SOLUTION PAGE 161

RÉSEAU ÉLECTRIQUE I

1. Faites passer un unique fil électrique continu par chacun des relais de la grille pour compléter le circuit.
2. Le fil doit entrer dans chaque case et en ressortir par le milieu d'un de ses quatre côtés.
3. Si le fil entre dans un relais doré, il doit aussitôt tourner à 90 degrés à gauche ou à droite sur cette case. Il doit également traverser en ligne droite la case précédente et la suivante.
4. Si le fil entre dans un relais argenté, il doit traverser la case en ligne droite. Il doit également tourner à gauche ou à droite dans la case suivante et/ou précédente.

Solution page 162

URBANISME I

Félicitations pour votre nomination au poste d'urbaniste en chef. Votre ville est divisée en six quartiers. Le maire a décrété que chaque quartier doit comporter une des infrastructures suivantes :

Logements | Usine | Bureaux
École | Stade | Parc

Vous devez faire en sorte qu'aucune infrastructure ne figure plus d'une fois dans chaque colonne et sur chaque ligne et que deux infrastructures du même type ne soient jamais adjacentes.

Solution page 163

TOMBEAU AQUATIQUE

Les corps de trois hommes ont été retrouvés dans trois pièces séparées. Chacune d'elles était remplie d'eau, et uniquement d'eau.

Le médecin légiste a rapporté que les hommes étaient morts de causes différentes mais que celles-ci étaient liées directement au fait qu'ils étaient dans l'eau.

Seul un des hommes s'est noyé. Par conséquent, comment les deux autres sont-ils morts ?

Solution page 164

COMPLÉTEZ LA GRILLE II

Que doit contenir la case noire pour compléter la grille ?

101101

Solution page 164

VISIONS

Il fut évident, dès le plus jeune âge de Tesla, que son esprit fonctionnait sur une fréquence différente ; il faisait fréquemment des rêves éveillés saisissants qu'il distinguait à peine de la réalité. L'idée de l'énergie hydroélectrique lui serait venue de la vision d'une roue que les chutes du Niagara faisaient tourner. En 1896, ce rêve devint une réalité et marqua le début de l'ère de l'électronique.

Sur la page ci-contre figurent différentes images. Prenez quelques minutes pour les mémoriser puis tournez la page…

« Les scientifiques d'aujourd'hui ont remplacé les expériences par les mathématiques ; d'équation en équation, ils s'éloignent de la réalité et finissent par construire une structure sans aucun lien avec celle-ci. »

NIKOLA TESLA

Solution page 165

Quatre éléments ont été permutés. Pouvez-vous dire lesquels ?

DÉDUCTION LOGIQUE I

Laquelle des figures ci-dessous complète la suite ?

A B C D

Solution page 166

L'ÉNERGIE DU FUTUR

De jeunes scientifiques des universités les plus prestigieuses de la nation sont entrés en compétition pour résoudre la crise énergétique mondiale. Pouvez-vous trouver de quelle université vient chaque inventeur, déterminer quelle source d'énergie il a découverte et combien de gigawatts il est parvenu à produire ?

1. *Henry Hawking a réussi à récolter des quantités suffisantes d'antimatière pour alimenter son générateur.*
2. *La jeune et plus brillante scientifique de Princeton, Tina Tesla, n'a pas exploité la gravité de la Terre comme source d'énergie.*
3. *L'Université de Berkeley a regretté de ne pas compter Eleanor Einstein parmi son personnel en voyant que sa découverte a généré une puissance impressionnante de 250 gigawatts.*
4. *L'idée de transformer les émotions humaines en énergie est née à Harvard. Celle-ci est venue à l'inventeur après que celui-ci s'est séparé de sa petite amie.*
5. *L'invention de Norbert Newton a généré plus de 100 gigawatts mais pas autant que l'inventeur qui a transformé des tachyons (particules de temps) en une source d'énergie durable.*

Scientifique	Université	Source	Rendement
Eleanor Einstein			
Henry Hawking			
Tina Tesla			
Norbert Newton			

SOLUTION PAGE 166

	Berkeley	MIT	Princeton	Harvard	Émotions	Tachyons	Gravité	Antimatière	100 gigawatts	150 gigawatts	250 gigawatts	300 gigawatts
Eleanor Einstein												
Henry Hawking												
Tina Tesla												
Norbert Newton												
100 gigawatts												
150 gigawatts												
250 gigawatts												
300 gigawatts												
Émotions												
Tachyons												
Gravité												
Antimatière												

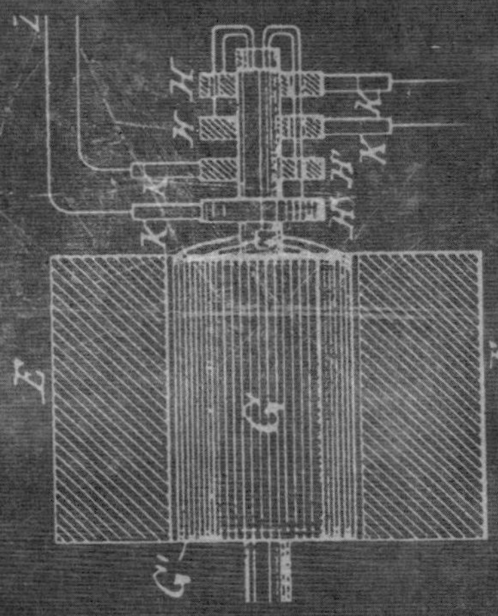

« Tout être vivant est un moteur relié aux rouages de l'univers. Bien qu'il ne semble affecté que par son environnement immédiat, la sphère d'influence des éléments extérieurs s'étend à une distance infinie. »

NIKOLA TESLA

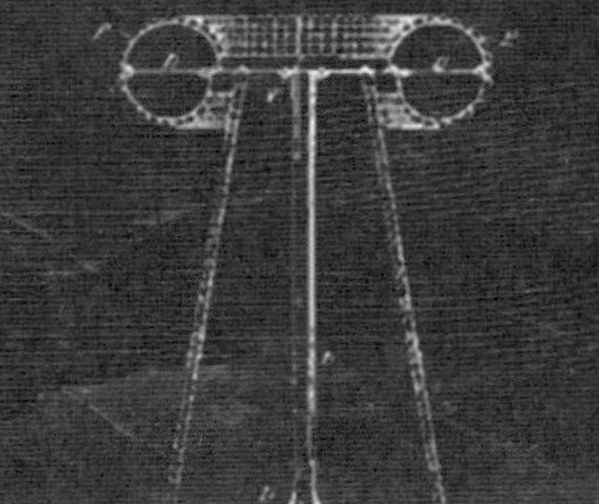

À « HUIT » CLOS

Sans rien écrire, pouvez-vous dire combien de fois apparaît le chiffre 8 dans la suite des nombres de 1 à 100 ?

1 + 9 =

8

88

888

8888

Solution page 167

COMPLÉTEZ LA GRILLE III

Que doit contenir la case noire pour compléter la grille ?

Solution page 167

FAMILIARITÉ

Clara et Betty sont venues écouter les dernières volontés du défunt magnat de l'électricité Sir Avery Court-Circuit.

Alors que la lecture était sur le point de commencer, les portes s'ouvrirent brusquement et une jeune femme entra dans la pièce.

Clara et Betty ne l'avaient jamais vue auparavant, cependant elles s'écrièrent toutes deux avec colère : « Sapristi, c'est Diane ! »

Pouvez-vous expliquer comment elles purent reconnaître l'inconnue et pourquoi leur réaction fut si négative ?

SOLUTION PAGE 168

SYSTÈME DE VALEURS II

Déterminez la valeur de chaque élément pour trouver quel nombre remplace le point d'interrogation.

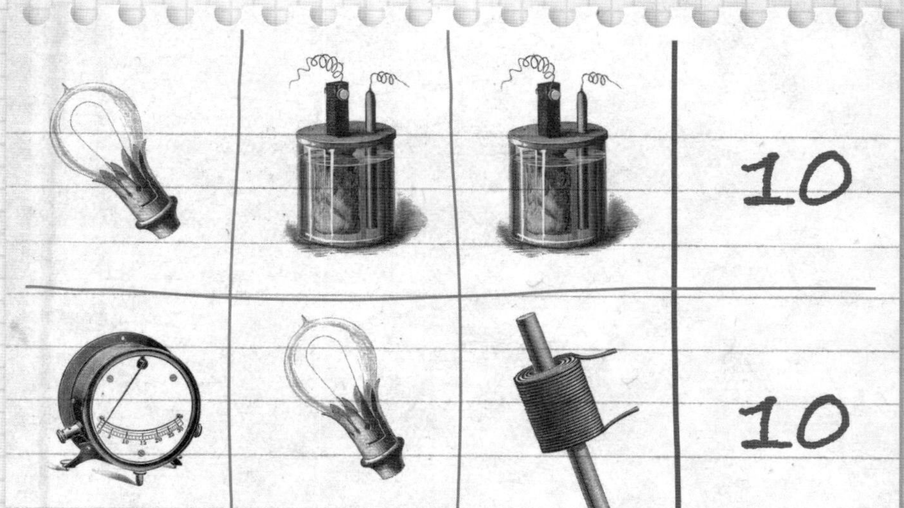

Solution page 168

SUITE II

Quel est le chiffre manquant ?

SOLUTION PAGE 169

RÉSEAU ÉLECTRIQUE II

1. *Faites passer un unique fil électrique continu par chacun des relais de la grille pour compléter le circuit.*
2. *Le fil doit entrer dans chaque case et en ressortir par le milieu d'un de ses quatre côtés.*
3. *Si le fil entre dans un relais doré, il doit aussitôt tourner à 90 degrés à gauche ou à droite sur cette case. Il doit également traverser en ligne droite la case précédente et la suivante.*
4. *Si le fil entre dans un relais argenté, il doit traverser la case en ligne droite. Il doit également tourner à gauche ou à droite dans la case suivante et/ou précédente.*

SOLUTION PAGE 170

COMPLÉTEZ LA GRILLE IV

Quelle image doit figurer dans la case vide ?

Solution page 170

SYSTÈME DE VALEURS III

Déterminez la valeur de chaque élément pour trouver quel nombre remplace le point d'interrogation.

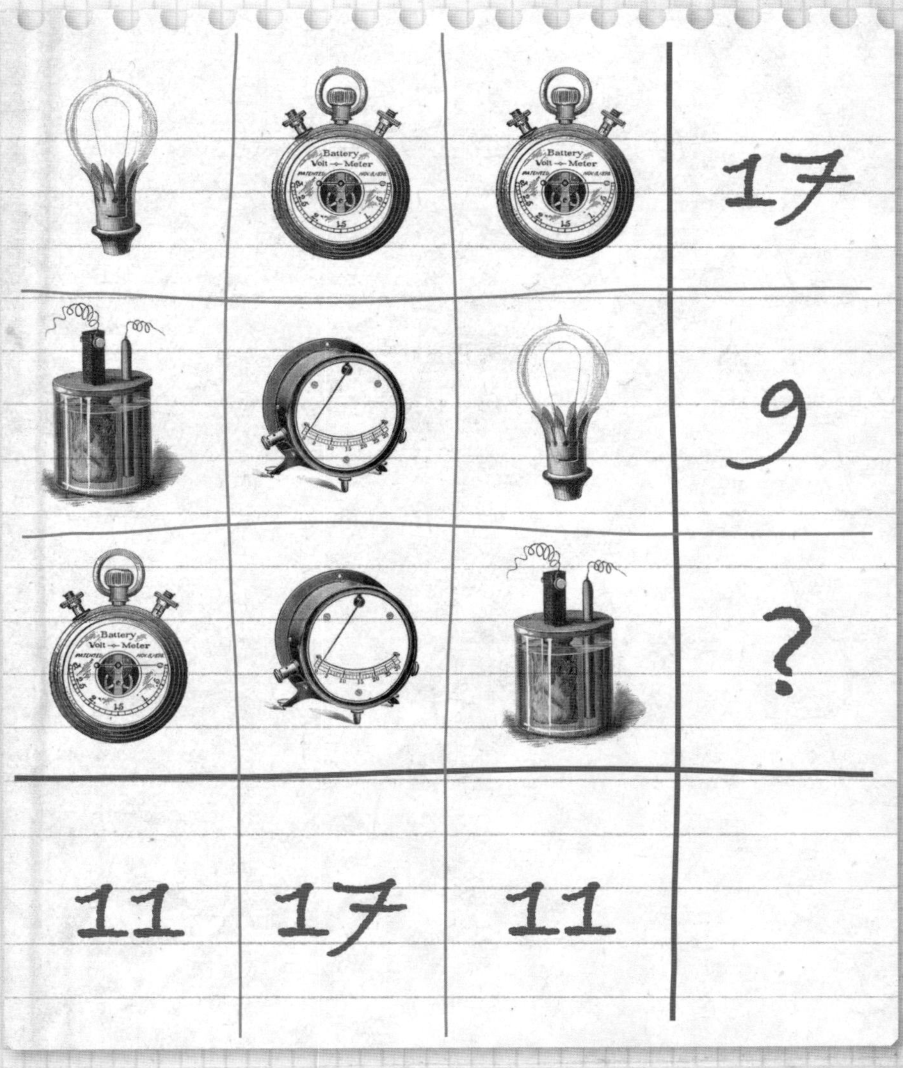

SOLUTION PAGE 171

TRANQUILLITÉ D'ESPRIT

Tesla était un homme paradoxal. En philanthrope engagé qui abhorrait la violence, il esquiva le service militaire en 1874. Cependant, certaines de ses dernières inventions intégraient des idées en vue d'une dévastatrice « arme apocalyptique ».

Sur la page ci-contre figurent différentes images. Prenez quelques minutes pour les mémoriser puis tournez la page…

« Nos qualités et nos défauts sont inséparables, comme la force et la matière. Quand ils se dissocient, l'homme n'est plus. »

NIKOLA TESLA

Solution page 172

Quatre éléments ont été permutés. Pouvez-vous dire lesquels ?

INSCRIVEZ VOTRE NOM

Pouvez-vous insérer les lettres T, E, S, L et A dans la grille ci-dessous de sorte qu'aucune lettre ne figure deux fois sur la même ligne, la même colonne ou la même diagonale ?

SOLUTION PAGE 173

LE GOLEM EST VIVANT!

Les scientifiques ont à une époque jugé possible d'utiliser l'électricité pour ranimer des tissus morts. Quatre savants solitaires ont décidé de créer des « golems » à partir de différents corps. Pouvez-vous dire où chaque professeur a créé son golem, le nom qu'il lui a donné et ce qui s'est passé ?

1. *Le professeur Knutz s'est installé dans un quartier mal fréquenté de Berlin pour mener ses expériences.*
2. *La ville de New York a subi une coupure de courant généralisée quand le créateur du golem dénommé « Bob » lui a donné vie. Sans surprise, les citoyens mécontents n'en ont pas fait un héros national.*
3. *Tous les golems n'étaient pas monstrueux ; l'un des professeurs a trouvé son golem si ravissant qu'il est resté à Paris et l'a épousé.*
4. *Le professeur Phreekdoubt a connu une crise existentielle après avoir parlé à son golem et a fini en thérapie. Il n'a pas nommé sa création « Bob ».*
5. *Le riche professeur Bankenstein a nommé son golem « Jerry ».*
6. *Le golem dénommé « Ron » n'a pas été conçu à Londres.*

Professeur	Lieu	Golem	Issue
Van der Volt			
Bankenstein			
Knutz			
Phreekdoubt			

	New York	Londres	Paris	Berlin	Ron	Phil	Jerry	Bob	S'est marié	Massacre	Thérapie	Héros national
Van der Volt												
Bankenstein												
Knutz												
Phreekdoubt												
S'est marié												
Massacre												
Thérapie												
Héros national												
Ron												
Phil												
Jerry												
Bob												

Solution page 173

LA BLAGUE À 50000 DOLLARS

En 1884, Edison dit à Tesla qu'il le paierait 50 000 dollars s'il parvenait à améliorer ses générateurs de courant continu. Tesla travailla nuit et jour pour accomplir cette tâche et y parvint, mais quand il demanda son dû à l'ingrat Edison, celui-ci lui répondit avec dérision : « Tesla, vous ne comprenez pas notre humour américain ! »

Il était 3 heures du matin et Tesla était tout à fait éveillé. Soudain, il sortit précipitamment de sa chambre et courut jusqu'à la porte d'Edison. Il se mit alors à cogner furieusement sur celle-ci jusqu'à ce que son employeur se montre.

Les deux hommes eurent un court et vif échange, puis Tesla tourna les talons, regagna ses quartiers et s'endormit tout de suite.

Pouvez-vous expliquer la conduite de Tesla ?

SOLUTION PAGE 174

COMPLÉTEZ LA GRILLE V

Que doit contenir la case vide ?

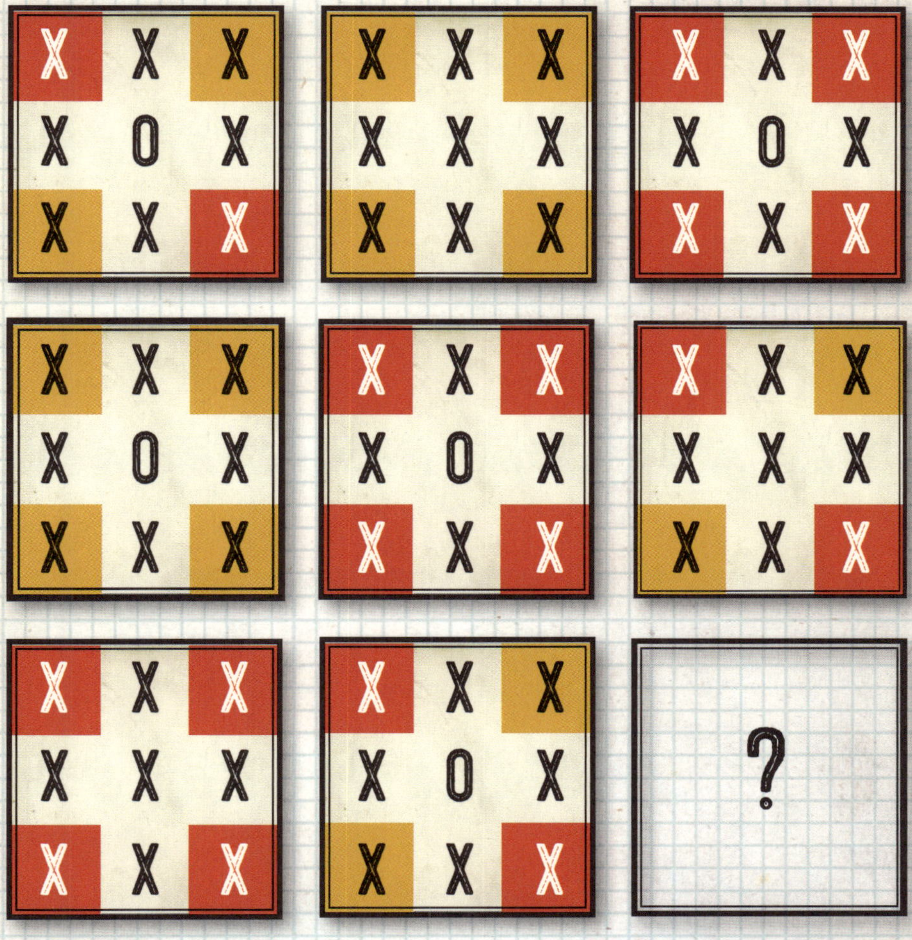

Solution page 174

ALIMENTATION ÉLECTRIQUE I

1. Placez une batterie (⚡) dans une case adjacente à chacune des ampoules de la grille.
2. Des cases adjacentes ont un côté commun (nord, sud, est et ouest), pas seulement un coin.
3. Les batteries ne peuvent pas se trouver sur des cases adjacentes.
4. Les chiffres vous indiquent le nombre de batteries qui doivent être placées sur chaque ligne ou colonne.

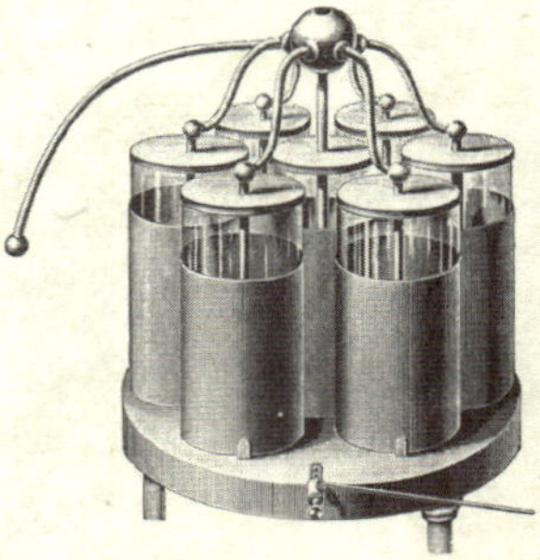

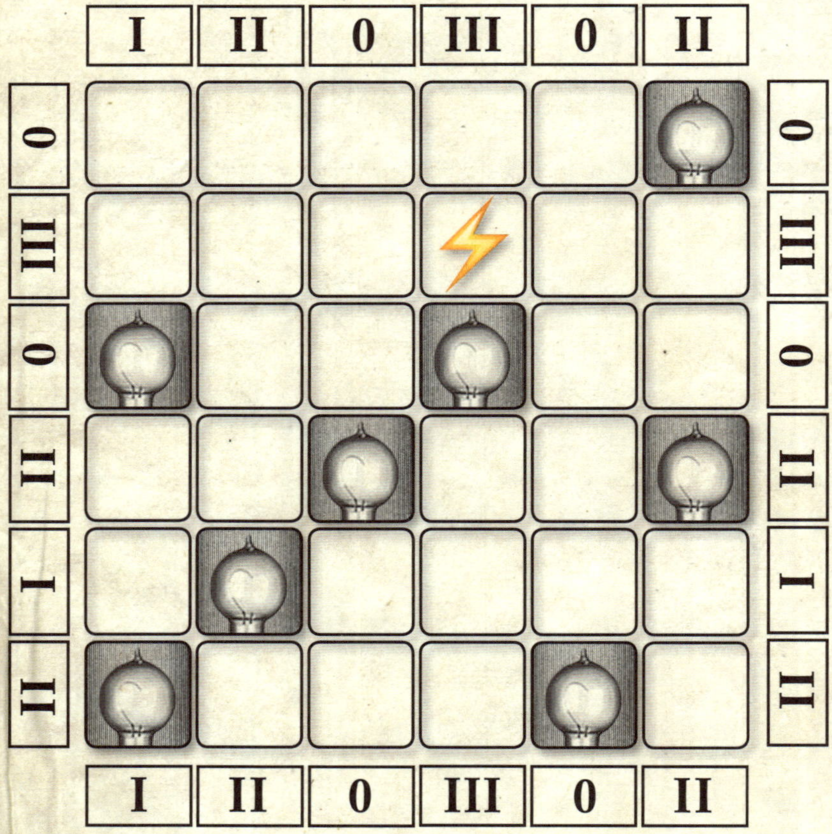

Solution page 175

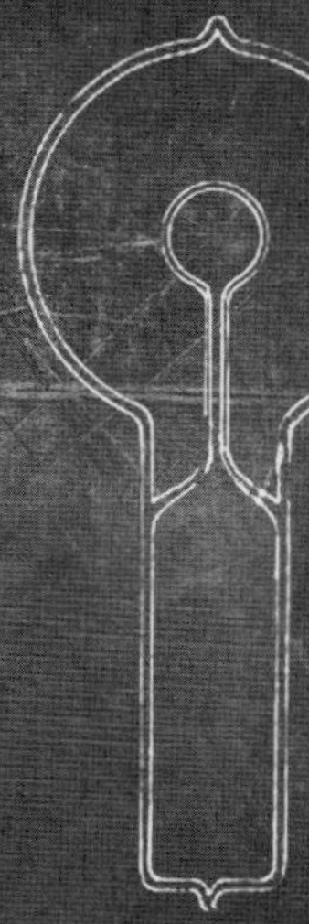

« Il semble que j'ai toujours été en avance sur mon temps. J'ai dû attendre dix-neuf ans avant de pouvoir exploiter les chutes du Niagara avec mon système et quinze ans avant que les inventions fondamentales pour la transmission par ondes radio, que j'ai données au monde en 1893, soient employées de manière universelle. »

NIKOLA TESLA

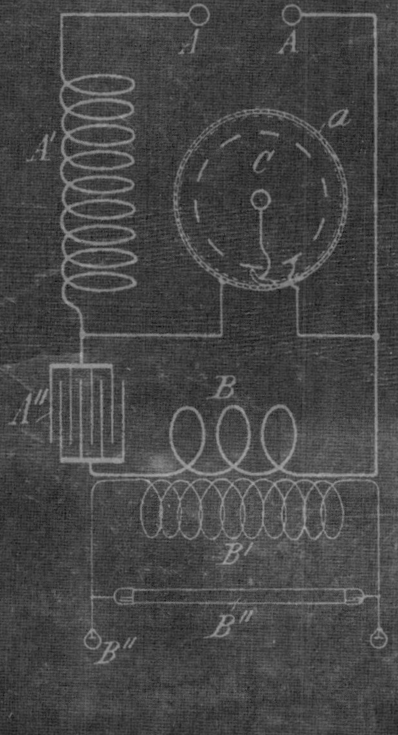

IMPOSTEUR

L'agent Hardy a été envoyée en mission pour secourir un physicien des particules, le docteur Jefferson, qui déclarait avoir mis au point le « rayon de la mort » de Tesla.

Quand elle arriva au labo du physicien, elle prit peur en trouvant non un, mais deux docteurs Jefferson.

— C'est un imposteur ! crièrent en même temps les deux hommes en blouse blanche.

Vive d'esprit, l'agent braqua son arme en direction des deux hommes et trouva deux seringues dans un tiroir.

— Je vous emmène tous les deux avec moi, dit-elle, mais je veux un échantillon de votre sang pour l'analyser, tout de suite.

Le « Jefferson » qui se trouvait à sa gauche prit une seringue et retroussa nerveusement sa manche. Celui de droite secoua la tête et recula.

Le pistolet de l'agent Hardy aboya et blessa le Jefferson de gauche à la jambe avant même qu'il se pique avec la seringue.

— Allons-y, dit-elle à l'autre.

Pouvez-vous expliquer la démarche de l'agent ?

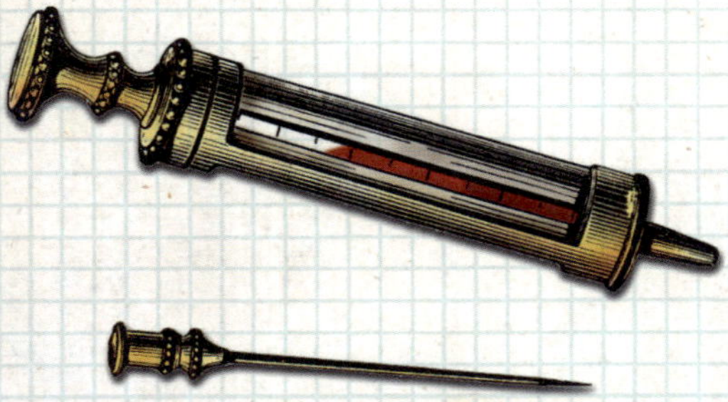

Solution page 175

SYSTÈME DE VALEURS IV

Déterminez la valeur de chaque élément pour trouver quel nombre remplace le point d'interrogation.

Solution page 176

URBANISME II

Votre ville est divisée en six quartiers. Le maire a décrété que chaque quartier doit comporter une des infrastructures suivantes :

- Logements
- Usine
- Bureaux
- École
- Stade
- Parc

Vous devez faire en sorte qu'aucune infrastructure ne figure plus d'une fois dans chaque colonne et sur chaque ligne et que deux infrastructures du même type ne soient jamais adjacentes.

Solution page 176

RÉSEAU ÉLECTRIQUE III

1. *Faites passer un unique fil électrique continu par chacun des relais de la grille pour compléter le circuit.*
2. *Le fil doit entrer dans chaque case et en ressortir par le milieu d'un de ses quatre côtés.*
3. *Si le fil entre dans un relais doré, il doit aussitôt tourner à 90 degrés à gauche ou à droite sur cette case. Il doit également traverser en ligne droite la case précédente et la suivante.*
4. *Si le fil entre dans un relais argenté, il doit traverser la case en ligne droite. Il doit également tourner à gauche ou à droite dans la case suivante et/ou précédente.*

SOLUTION PAGE 177

PERDU DANS LA GRILLE

Le nom TESLA ne figure qu'une fois dans la grille ci-dessous, que l'on lise vers le haut, vers le bas, de gauche à droite, de droite à gauche ou en diagonale. Pouvez-vous le trouver ?

L	S	L	L	T	S	S	L	A	E	E	T	S	S	L	A	L	A
T	A	S	L	E	S	L	T	S	S	L	A	T	S	L	T	T	S
A	L	L	T	S	E	A	S	S	T	A	L	L	E	L	E	E	S
S	S	A	S	E	S	L	R	L	E	T	E	L	T	T	E	S	E
S	L	S	L	S	A	T	E	A	E	E	S	L	A	T	L	S	A
L	L	L	A	T	E	S	A	T	L	S	T	A	L	L	A	A	T
S	T	S	S	E	S	L	S	T	S	L	E	S	T	S	S	L	A
T	E	S	L	E	A	S	L	A	E	E	E	T	E	S	L	T	S
S	S	E	A	L	A	S	T	S	S	L	L	S	S	E	A	S	S
A	T	S	L	A	S	L	S	S	T	A	T	A	T	S	L	S	T
L	S	T	E	S	A	L	S	T	A	S	A	L	S	T	E	L	L
S	L	E	T	T	E	S	A	E	E	T	S	S	L	E	T	E	S
L	T	E	E	A	S	L	E	S	T	E	S	L	T	E	E	S	T
T	S	S	L	A	S	S	L	A	E	S	E	A	S	S	S	E	A
E	S	L	T	S	S	L	T	S	S	T	S	S	L	A	T	S	L
S	E	A	S	S	T	A	L	L	A	E	S	L	T	L	L	T	E
T	S	S	L	A	E	S	T	S	S	E	S	L	T	S	L	E	T
E	S	L	T	S	E	T	E	S	L	S	E	A	S	L	T	E	E

Solution page 178

COMPLÉTEZ LA GRILLE VI

Que doit contenir la case vide ?

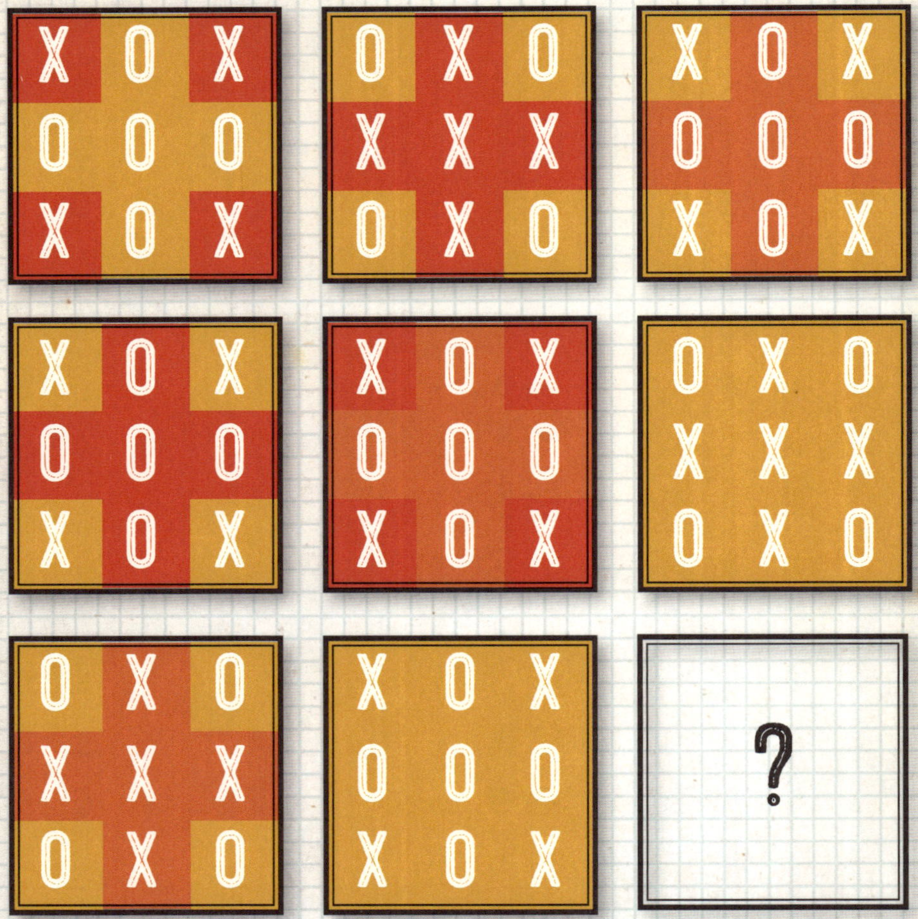

Solution page 179

FRÉQUENCE I

Pouvez-vous identifier ces quatre pionniers de la science et des technologies uniquement d'après la fréquence des lettres dans leurs noms ?

1

A	B	C	D	E	F	G	H	I	J	K	L	M
2	0	1	0	1	0	0	0	1	0	0	0	0
N	**O**	**P**	**Q**	**R**	**S**	**T**	**U**	**V**	**W**	**X**	**Y**	**Z**
2	1	0	0	0	1	1	0	0	1	0	0	0

2

A	B	C	D	E	F	G	H	I	J	K	L	M
1	1	0	0	3	0	0	0	2	0	0	1	0
N	**O**	**P**	**Q**	**R**	**S**	**T**	**U**	**V**	**W**	**X**	**Y**	**Z**
2	0	0	0	1	1	2	0	0	0	0	0	0

3

A	B	C	D	E	F	G	H	I	J	K	L	M
4	0	1	1	1	1	0	1	1	0	0	1	1
N	**O**	**P**	**Q**	**R**	**S**	**T**	**U**	**V**	**W**	**X**	**Y**	**Z**
0	0	0	0	1	0	0	0	0	0	0	1	0

4

A	B	C	D	E	F	G	H	I	J	K	L	M
2	0	0	0	1	0	0	0	1	0	1	2	0
N	**O**	**P**	**Q**	**R**	**S**	**T**	**U**	**V**	**W**	**X**	**Y**	**Z**
1	1	0	0	0	1	1	0	0	0	0	0	0

SOLUTION PAGE 179

ALIMENTATION ÉLECTRIQUE II

1. Placez une batterie (⚡) dans une case adjacente à chacune des ampoules de la grille.
2. Des cases adjacentes ont un côté commun (nord, sud, est et ouest), pas seulement un coin.
3. Les batteries ne peuvent pas se trouver sur des cases adjacentes.
4. Les chiffres vous indiquent le nombre de batteries qui doivent être placées sur chaque ligne ou colonne.

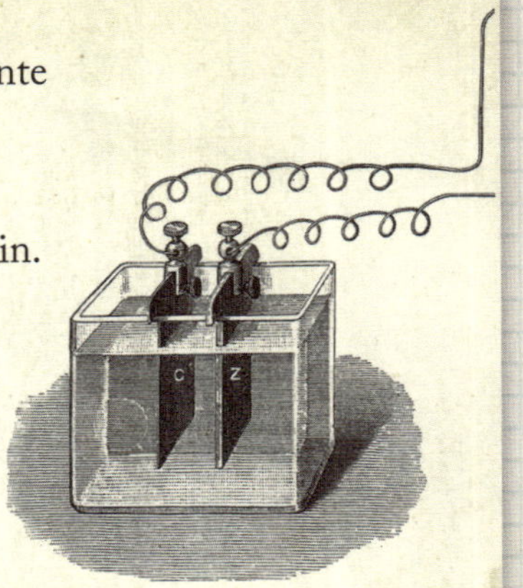

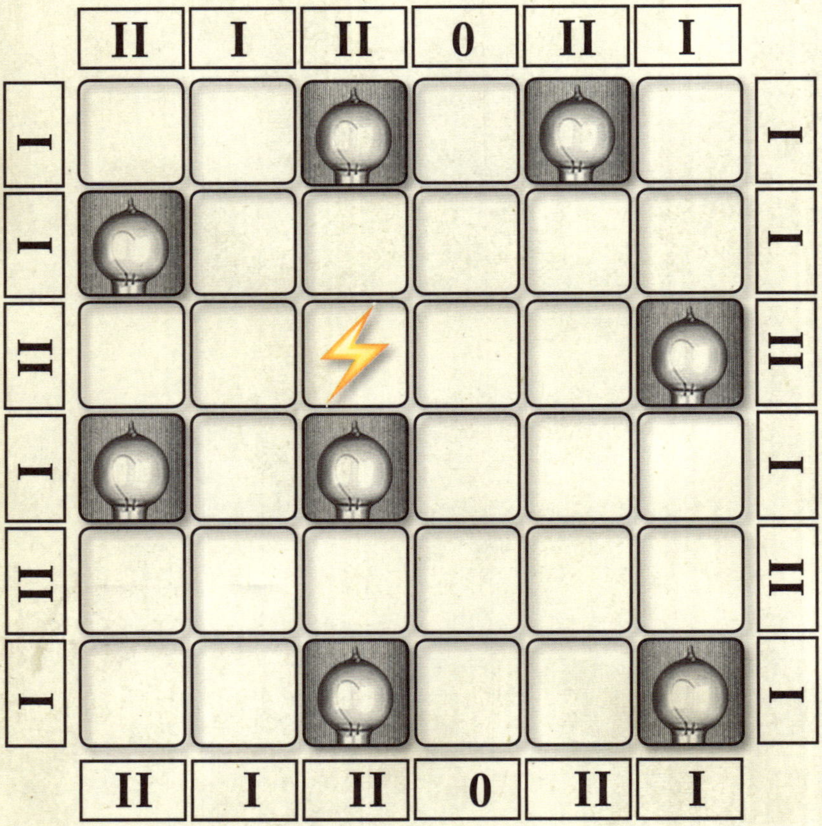

Solution page 180

LE FOU DE HARLEM

Alors qu'il se baladait avec son grand rival dans le Nord de Manhattan, Tesla montra du doigt un homme négligé et garni d'une barbe impressionnante.

— Les gens le surnomment Nicholas Cinqcents, dit Tesla. Si on lui donne au choix une pièce de cinq cents et une de dix, il prend toujours la pièce de cinq cents.

— Foutaises, pouffa Edison, personne ne peut être aussi bête.

— Voyez par vous-même.

Edison s'approcha donc de l'homme en lui présentant une pièce de dix cents dans une main et une de cinq dans l'autre.

— Laquelle voulez-vous ? demanda-t-il avec un sourire narquois.

— La pièce de cinq cents, s'il vous plaît, monsieur, répondit Nicholas Cinqcents en prenant joyeusement la pièce qu'on lui tendait.

— C'est vraiment le plus gros imbécile que j'aie jamais vu, dit Edison lorsqu'ils furent hors de portée de voix.

— J'en doute fort, répliqua Tesla avec un sourire.

Pouvez-vous expliquer ?

Solution page 180

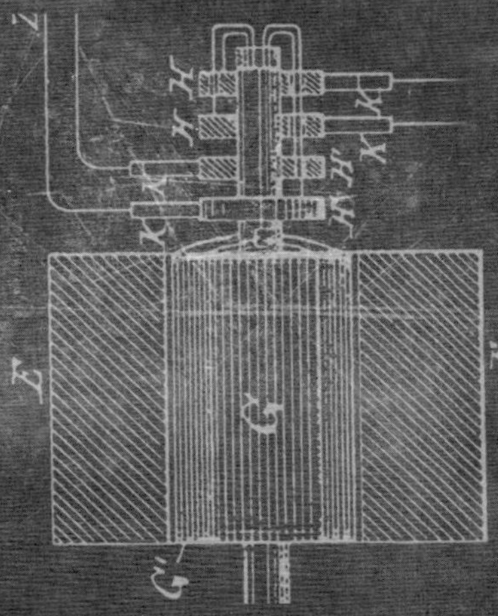

« Si nous voulons réduire la pauvreté et la misère, si nous voulons donner à tout individu méritant ce dont un être intelligent a besoin pour mener une existence sereine, il faut que nous disposions de plus de machines, de plus d'électricité. L'électricité est notre pilier, la source primaire de nos multiples énergies. »

NIKOLA TESLA

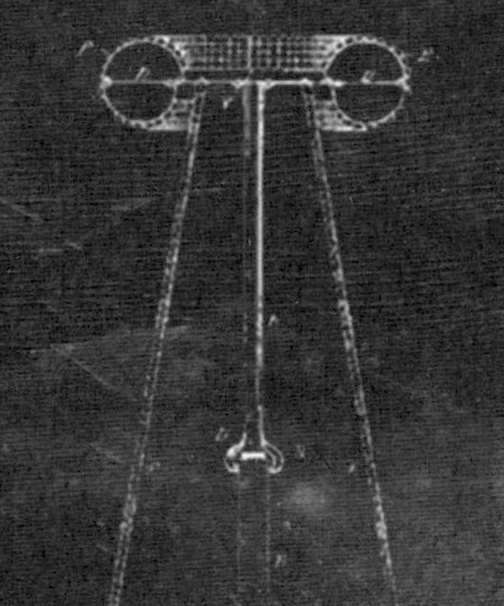

VIVE LA FRANCE

En 1882, Tesla s'installa en France et fut engagé par Continental Edison où il perfectionna des équipements électriques.

Sur la page ci-contre figurent différentes images. Prenez quelques minutes pour les mémoriser puis tournez la page…

« Dans un avenir proche, il sera possible de projeter n'importe quelle image conçue en pensée sur un écran et de la rendre visible n'importe où… Cela va entraîner une heureuse révolution dans toutes nos relations sociales. »

NIKOLA TESLA

Solution page 181

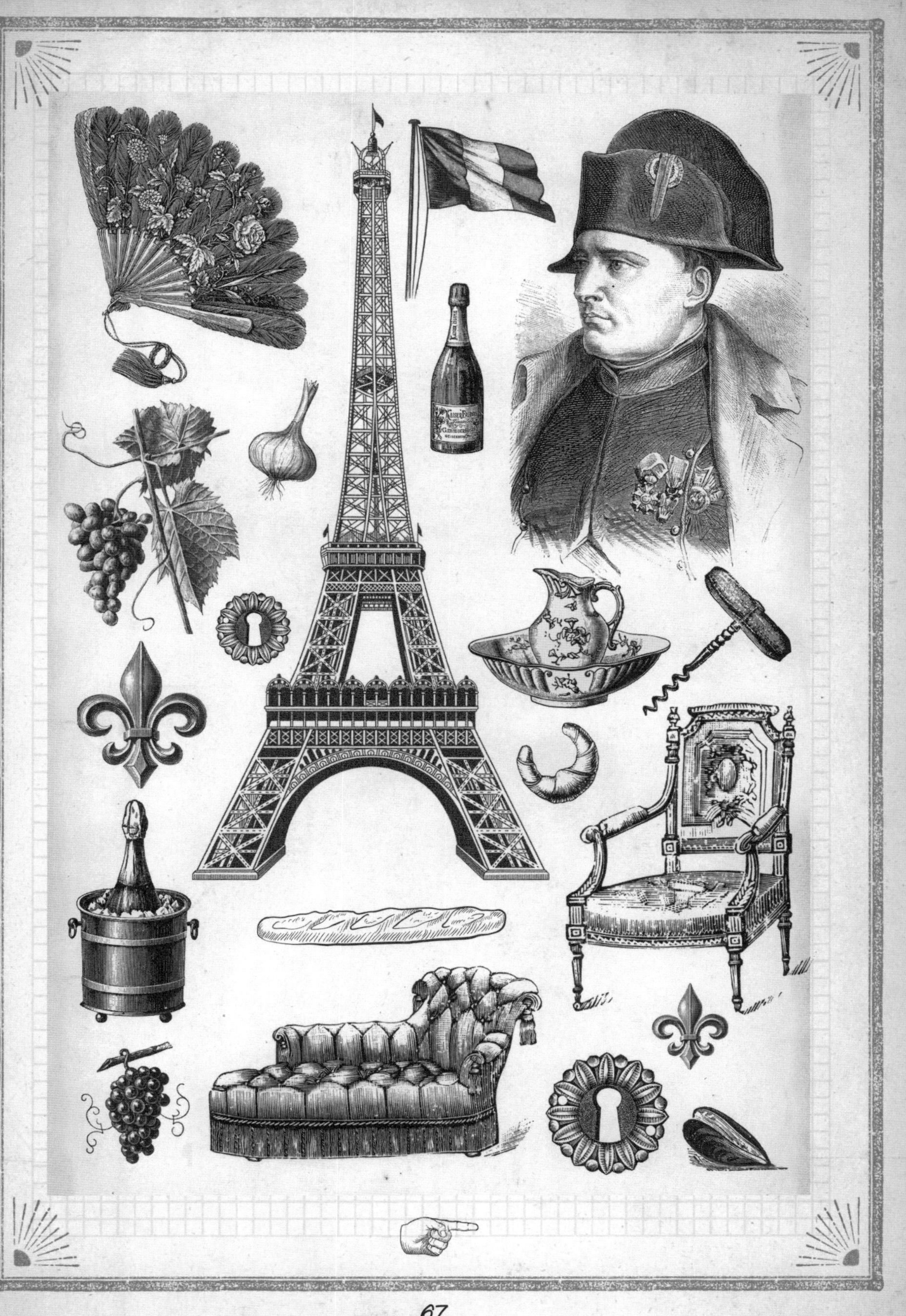

Deux éléments ont été permutés. Pouvez-vous dire lesquels ?

CONTREBANDIERS

Un gang célèbre, soupçonné de contrebande de biens volés, était sous surveillance. Chaque fois que ses membres entraient dans un pays, ils étaient fouillés de la tête aux pieds, leurs coffres et boîtes à gants étaient ouverts et leurs contenus examinés minutieusement, leurs vêtements et même leurs corps étaient inspectés et passés aux rayons X, mais les autorités ne trouvaient rien.

Pourtant, selon une rumeur largement répandue, la fortune du gang augmentait à chaque voyage. Quelle était donc leur combine ?

Solution page 182

SCIENCE ET CATASTROPHE

Quatre scientifiques (un peu fous) cherchent à sauver le monde d'une catastrophe imminente.

Pouvez-vous dire quel scientifique est spécialisé dans quel domaine, la nature de la catastrophe qu'il prédit et la solution qu'il propose ?

1. *Harry Stottle n'est pas l'astrophysicien qui a suggéré de fabriquer une flotte de vaisseaux spatiaux et de partir sur Mars pour éviter la catastrophe.*
2. *Ty Neilson croit que notre seul espoir est de vivre sous terre, alors que le professeur qui prédit une ère glaciaire imminente pense que nous ne pouvons survivre qu'avec l'aide de robots domestiques.*
3. *Le paléontologue Gary Leo affirme que la plus grande menace ne vient pas de l'espace.*
4. *Lors d'une conférence de presse, l'éminent géologue a déclaré : « Notre planète est attaquée par des extraterrestres ! »*
   Le professeur Dorkins a dit : « Il n'y a absolument aucun risque de chute de météorites. »
5. *Le biologiste marin ne pense pas qu'une mutation génétique accélérée puisse nous sauver de la catastrophe.*

Professeur	Spécialité	Catastrophe	Solution
Dick Dorkins			
Ty Neilson			
Harry Stottle			
Gary Leo			

	Géologie	Astrophysique	Paléontologie	Biologie marine	Crue mondiale	Invasion d'extraterrestres	Ère glaciaire	Chute de météorites	Mutation génétique	Robots domestiques	Vie sous terre	Installation sur Mars
Dick Dorkins												
Ty Neilson												
Harry Stottle												
Gary Leo												
Mutation génétique												
Robots domestiques												
Vie sous terre												
Installation sur Mars												
Crue mondiale												
Invasion d'extraterrestres												
Ère glaciaire												
Chute de météorites												

Solution page 182

RÉSEAU ÉLECTRIQUE IV

1. *Faites passer un unique fil électrique continu par chacun des relais de la grille pour compléter le circuit.*

2. *Le fil doit entrer dans chaque case et en ressortir par le milieu d'un de ses quatre côtés.*

3. *Si le fil entre dans un relais doré, il doit aussitôt tourner à 90 degrés à gauche ou à droite sur cette case. Il doit également traverser en ligne droite la case précédente et la suivante.*

4. *Si le fil entre dans un relais argenté, il doit traverser la case en ligne droite. Il doit également tourner à gauche ou à droite dans la case suivante et/ou précédente.*

Solution page 183

COMPLÉTEZ LA GRILLE VII

Que doit contenir la case vide ?

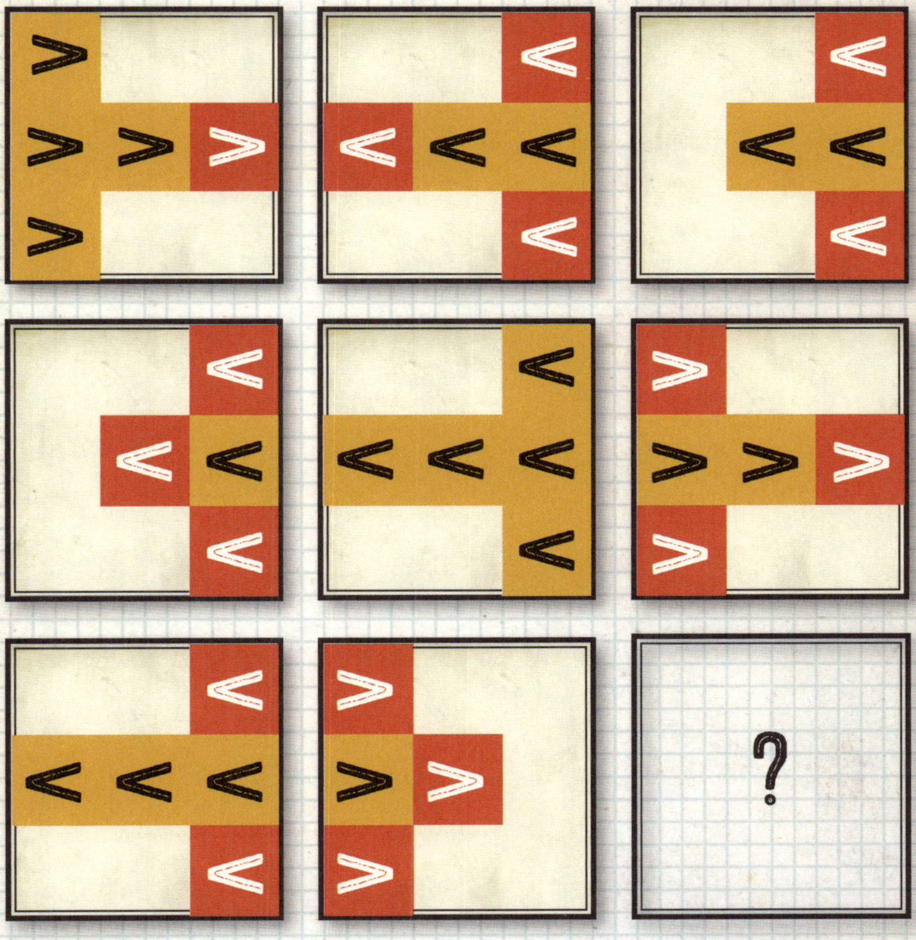

Solution page 183

SYSTÈME DE VALEURS V

Déterminez la valeur de chaque élément pour trouver quel nombre remplace le point d'interrogation.

Solution page 184

ALIMENTATION ÉLECTRIQUE III

1. Placez une batterie (⚡) dans une case adjacente à chacune des ampoules de la grille.
2. Des cases adjacentes ont un côté commun (nord, sud, est et ouest), pas seulement un coin.
3. Les batteries ne peuvent pas se trouver sur des cases adjacentes.
4. Les chiffres vous indiquent le nombre de batteries qui doivent être placées sur chaque ligne ou colonne.

Solution page 185

RECHERCHES

Trois catégories de spécialistes travaillent sur un projet.

Les biochimistes disent toujours la vérité.

Les statisticiens mentent toujours.

Les comptables sont capables de rendre tout ce qu'ils disent vrai.

La directrice sélectionne 18 chercheurs et les répartit en trois équipes de six.

L'équipe Alpha est composée de spécialistes travaillant tous le même domaine.

L'équipe Bravo compte autant de chercheurs de deux spécialités.

L'équipe Charlie compte autant de chercheurs de trois spécialités.

Hélas, le réseau tombe en panne le premier jour et toutes les données concernant les équipes sont perdues. La directrice a devant elle trois équipes mais n'a aucun moyen de savoir laquelle est laquelle.

L'équipe 1 dit: « Tous nos membres sont biochimistes. »

L'équipe 2 dit: « Tous nos membres sont statisticiens. »

L'équipe 3 dit: « Tous nos membres sont comptables. »

La directrice décide qu'elle doit se débarrasser des statisticiens menteurs. Mais combien de personnes doit-elle renvoyer ?

Solution page 186

CASSE-PIEDS

Tesla dînait avec son ami Mark Twain dans un restaurant chic. Le vin coulait à flots et les clients festoyaient assez bruyamment.

— C'est incroyable comme les riches aiment étaler leur vulgarité, dit Tesla. On se croirait au cirque.

Twain sourit du snobisme de son ami et répondit avec une épouvante feinte :

— Ne vous retournez pas, mais il y a un homme assis à la table là-bas qui a trois pieds.

Tesla leva les yeux au ciel et continua de manger, sachant comment fonctionnait l'esprit de Twain.

Qu'a vu Mark Twain ?

SOLUTION PAGE 187

BAGELS

Tous les matins, le marchand de bagels achète ses petits pains deux centimes pièce puis part faire ses livraisons. Il arrive au labo de Tesla à midi et lui vend son dernier bagel un dollar cinquante.

— Vous devez gagner une fortune, observa Tesla.

— Loin de là, répondit tristement le marchand de bagels, vous êtes mon seul et unique client.

Pour se rendre au labo de Tesla, le marchand doit traverser les territoires de trois gangs notoires. Sur chacun d'eux, il est contraint de donner la moitié des bagels qu'il transporte en guise de droit de passage, plus deux pour le chef du gang.

Par conséquent, le marchand de bagels fait-il le moindre profit ?

Solution page 187

COMPLÉTEZ LA GRILLE VIII

Que doit contenir la case vide ?

Solution page 188

NOUVEAU MONDE

En 1884, après une traversée mouvementée, Tesla arriva aux États-Unis avec seulement quatre centimes et une lettre de recommandation en poche. Mais il avait la tête pleine d'idées et était déterminé à vivre le rêve américain.

Sur la page ci-contre figurent différentes images. Prenez quelques minutes pour les mémoriser puis tournez la page…

« Au vingt et unième siècle, le robot prendra la place que les esclaves ont occupée dans les civilisations anciennes. »

NIKOLA TESLA

Solution page 189

JUILLET
1776
JUILLET
1789
Wright & Ditson
REGULATION.
LEAGUE BALL

Deux éléments ont été permutés. Pouvez-vous dire lesquels ?

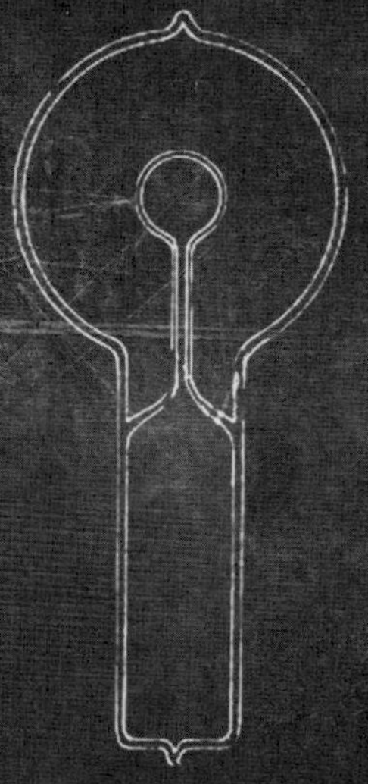

« On forme une hélice avec un simple fil de fer ; on le raccorde au générateur, et on observe avec joie et émerveillement les effets de forces étranges que l'on met en jeu, qui nous permettent de transformer, de transmettre et de diriger de l'énergie à volonté. »

NIKOLA TESLA

ENCHÈRES FUNESTES

Les plans secrets du « rayon de la mort » conçu par Tesla ont été volés et sont désormais en vente au plus offrant au marché noir. Certaines des organisations criminelles les plus impitoyables au monde veulent à tout prix mettre la main sur cette arme et menacent de viser de grands monuments internationaux.

Pouvez-vous déterminer quel monument est visé par quels acheteurs potentiels, les motivations de ceux-ci et leur offre pour le rayon de la mort ?

1. *Les yakuza, qui n'ont pas fait une offre de 666 millions de dollars, ne sont pas l'organisation avide de pouvoir qui vise Big Ben.*
2. *Les triades ont fait l'offre la plus élevée pour le rayon de la mort ; la plus basse ne provient pas de l'acheteur qui souhaite simplement faire sauter un monument pour s'amuser.*
3. *Les cartels trouvent que la chapelle Sixtine ferait une bonne cible. La mafia veut utiliser l'arme pour régler ses comptes dans le cadre d'une vendetta.*
4. *Les maîtres chanteurs espèrent soutirer assez d'argent pour faire des bénéfices sur leur offre de 250 millions de dollars et estiment qu'ils ne pourraient pas récolter une somme suffisante en menaçant la tour Eiffel.*

Acheteur	Cible	Motivations	Offre
Mafia			
Yakuza			
Triades			
Cartels			

SOLUTION PAGE 190

	Maison-Blanche	Big Ben	Chapelle Sixtine	Tour Eiffel	Pouvoir	Chantage	Amusement	Vengeance	100 millions $	250 millions $	666 millions $	901 millions $
Mafia												
Yakuza												
Triades												
Cartels												
100 millions $												
250 millions $												
666 millions $												
901 millions $												
Pouvoir												
Chantage												
Amusement												
Vengeance												

COMPLÉTEZ LA GRILLE IX

Que doit contenir la case vide ?

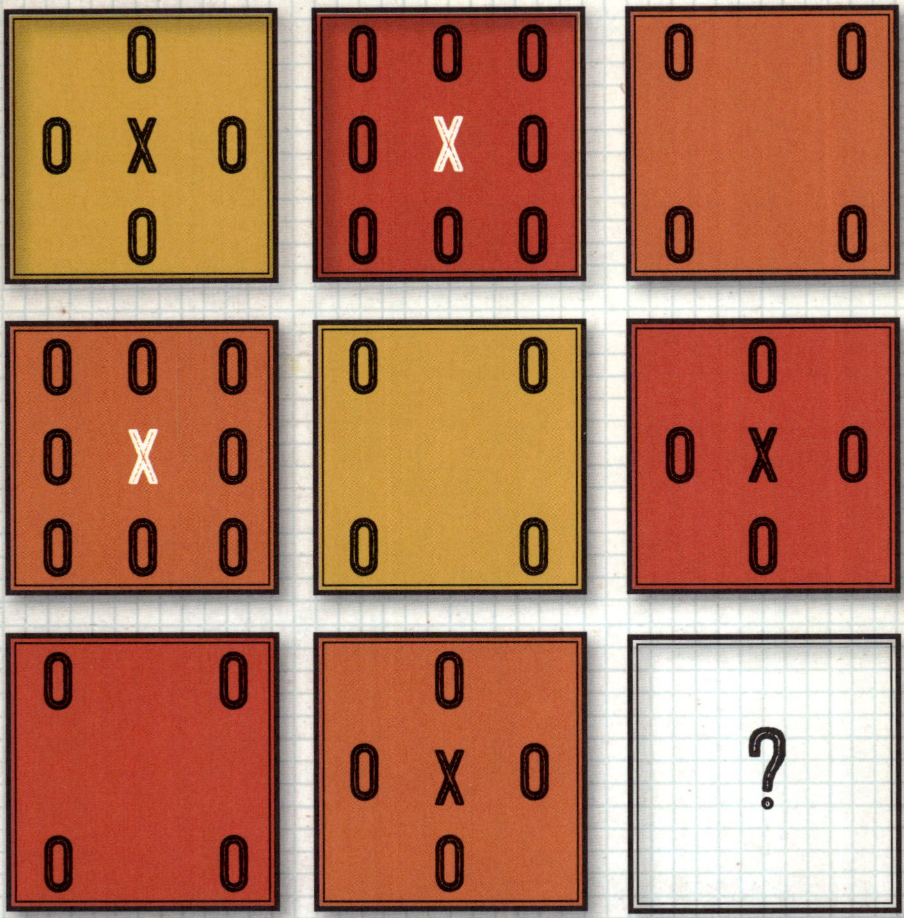

Solution page 190

SUITE III

Quel est le nombre manquant ?

Solution page 191

SYSTÈME DE VALEURS VI

Déterminez la valeur de chaque élément pour trouver quel nombre remplace le point d'interrogation.

Solution page 191

ALIMENTATION ÉLECTRIQUE IV

1. Placez une batterie (⚡) dans une case adjacente à chacune des ampoules de la grille.
2. Des cases adjacentes ont un côté commun (nord, sud, est et ouest), pas seulement un coin.
3. Les batteries ne peuvent pas se trouver sur des cases adjacentes.
4. Les chiffres vous indiquent le nombre de batteries qui doivent être placées sur chaque ligne ou colonne.

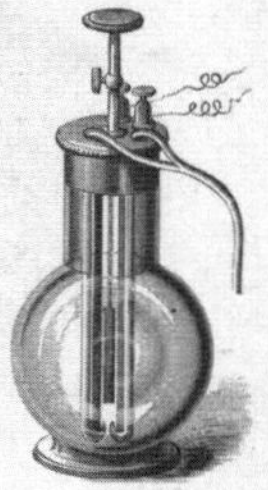

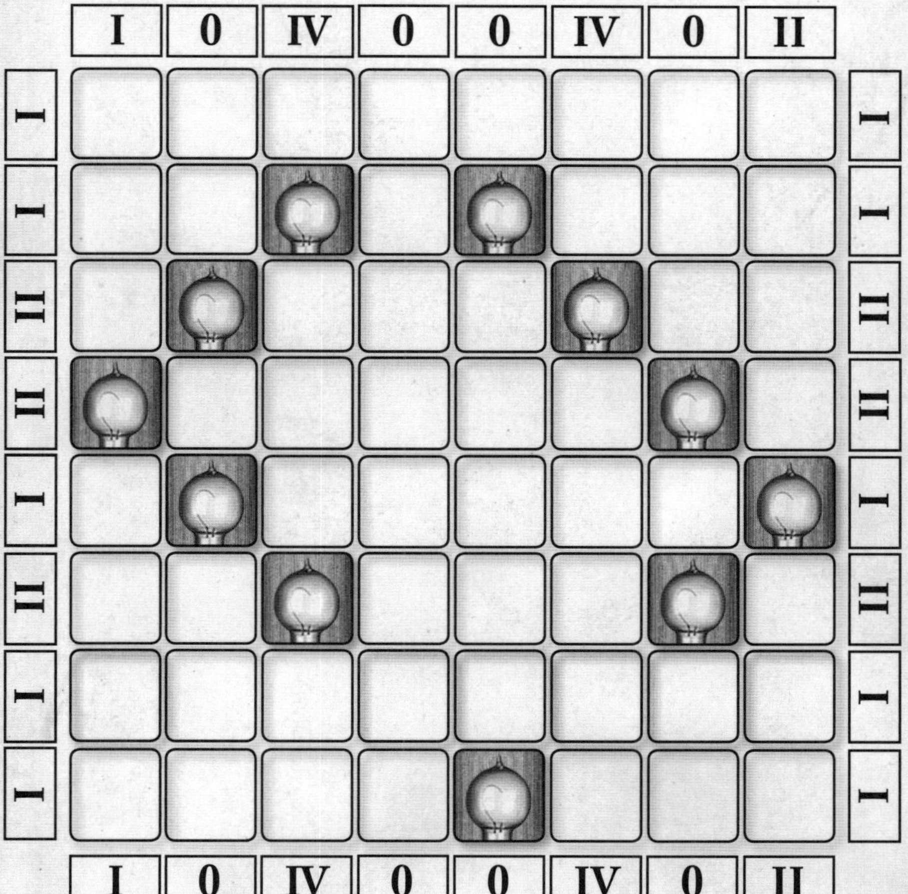

SOLUTION PAGE 192

MARATHON

Jack est un athlète de haut vol qui s'est entraîné dur pour le marathon olympique. Sur les derniers cent mètres, il trouve la force intérieure d'accélérer et dépasse le coureur placé en deuxième position.

Mais alors qu'il n'est qu'à quelques pas de la ligne d'arrivée, il se fait devancer par deux autres coureurs…

Quelle médaille Jack va-t-il recevoir ?

Solution page 193

RÉSEAU ÉLECTRIQUE V

1. *Faites passer un unique fil électrique continu par chacun des relais de la grille pour compléter le circuit.*
2. *Le fil doit entrer dans chaque case et en ressortir par le milieu d'un de ses quatre côtés.*
3. *Si le fil entre dans un relais doré, il doit aussitôt tourner à 90 degrés à gauche ou à droite sur cette case. Il doit également traverser en ligne droite la case précédente et la suivante.*
4. *Si le fil entre dans un relais argenté, il doit traverser la case en ligne droite. Il doit également tourner à gauche ou à droite dans la case suivante et/ou précédente.*

SOLUTION PAGE 193

GUERRE DES COURANTS

Décidé à discréditer Tesla et son courant alternatif, Edison fit de sinistres démonstrations et alla jusqu'à électrocuter en public un éléphant avec du courant alternatif.

Sur la page ci-contre figurent différentes images. Prenez quelques minutes pour les mémoriser puis tournez la page…

« L'électricité nous a révélé la vraie nature de la lumière, nous a pourvus d'innombrables appareils et instruments de précision et a ainsi considérablement renforcé la justesse de nos connaissances. »

NIKOLA TESLA

SOLUTION PAGE 194

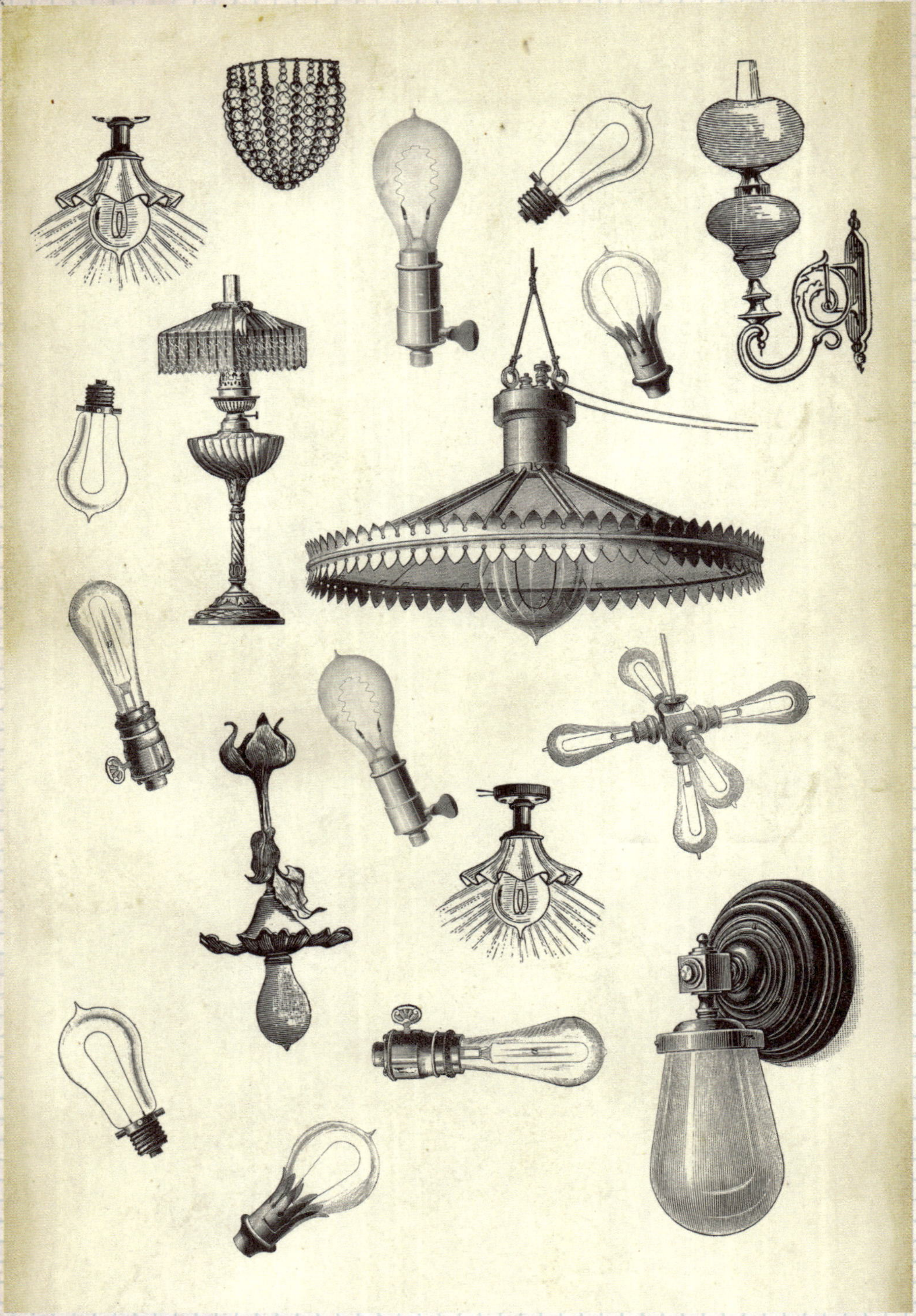

Deux éléments ont été permutés. Pouvez-vous dire lesquels ?

ALIMENTATION ÉLECTRIQUE V

1. Placez une batterie (⚡) dans une case adjacente à chacune des ampoules de la grille.
2. Des cases adjacentes ont un côté commun (nord, sud, est et ouest), pas seulement un coin.
3. Les batteries ne peuvent pas se trouver sur des cases adjacentes.
4. Les chiffres vous indiquent le nombre de batteries qui doivent être placées sur chaque ligne ou colonne.

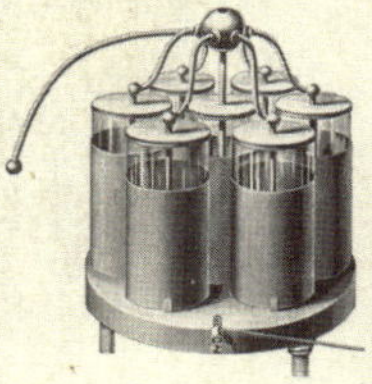

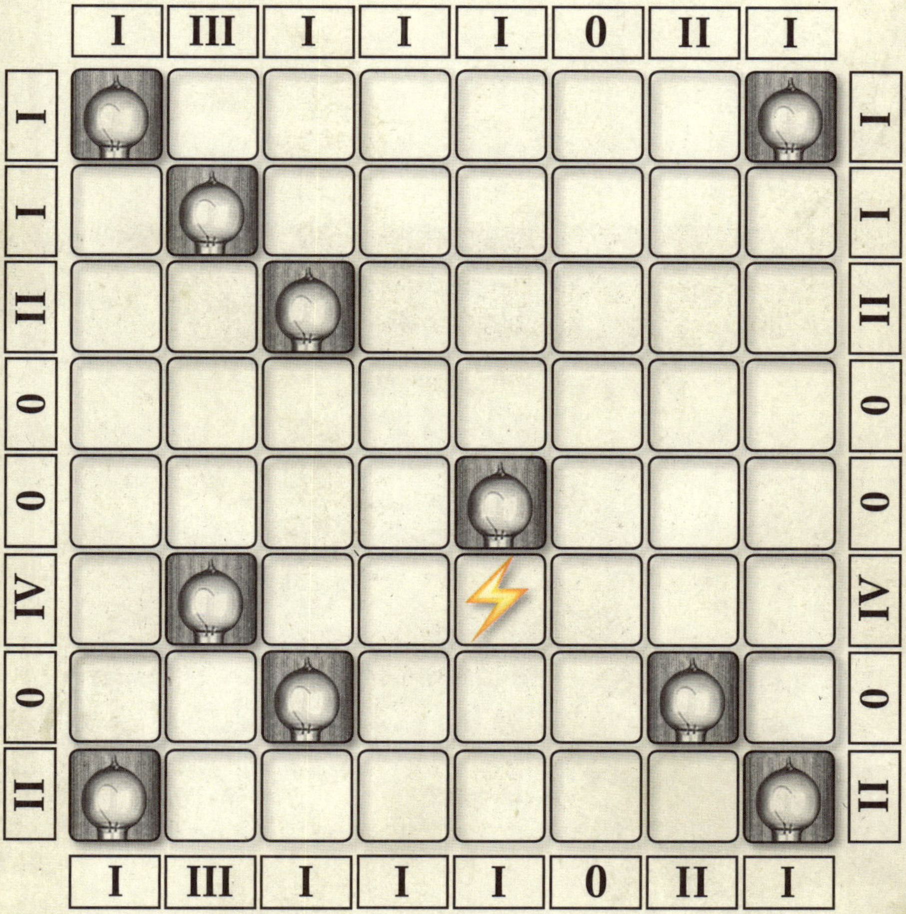

Solution page 195

MULTIDISCIPLINARITÉ

Le professeur Grohl, le professeur Dickinson et le professeur Hendrix sont tous doués de talents multiples ; chacun d'eux est expert dans quatre domaines. Il y a deux spécialistes de chacun des domaines répertoriés dans le tableau ci-contre.

En utilisant vos capacités de déduction logique, pouvez-vous déterminer qui est spécialiste dans quels domaines d'après les affirmations suivantes ?

Si Grohl est expert en zoologie, il maîtrise également la psychologie.

Si Grohl est expert en psychologie, il ne maîtrise pas la chimie.

Si Grohl est expert en chimie, il ne maîtrise pas la géologie.

Si Hendrix est experte en mathématiques, elle ne maîtrise pas la zoologie.

Si Hendrix est experte en zoologie, elle maîtrise également la géologie.

Si Hendrix est experte en géologie, elle maîtrise également la chimie.

Si Dickinson est experte en chimie, elle maîtrise également la géologie.

Si Dickinson est experte en géologie, elle ne maîtrise pas la zoologie.

Si Dickinson est experte en zoologie, elle ne maîtrise pas les mathématiques.

	GROHL	HENDRIX	DICKINSON
CHIMIE			
GÉOLOGIE			
ZOOLOGIE			
MATHÉMATIQUES			
PSYCHOLOGIE			
ASTRONOMIE			

Solution page 196

COMPLÉTEZ LA GRILLE X

Que doit contenir la case vide ?

Solution page 196

SYSTÈME DE VALEURS VII

Déterminez la valeur de chaque élément pour trouver quel nombre remplace le point d'interrogation.

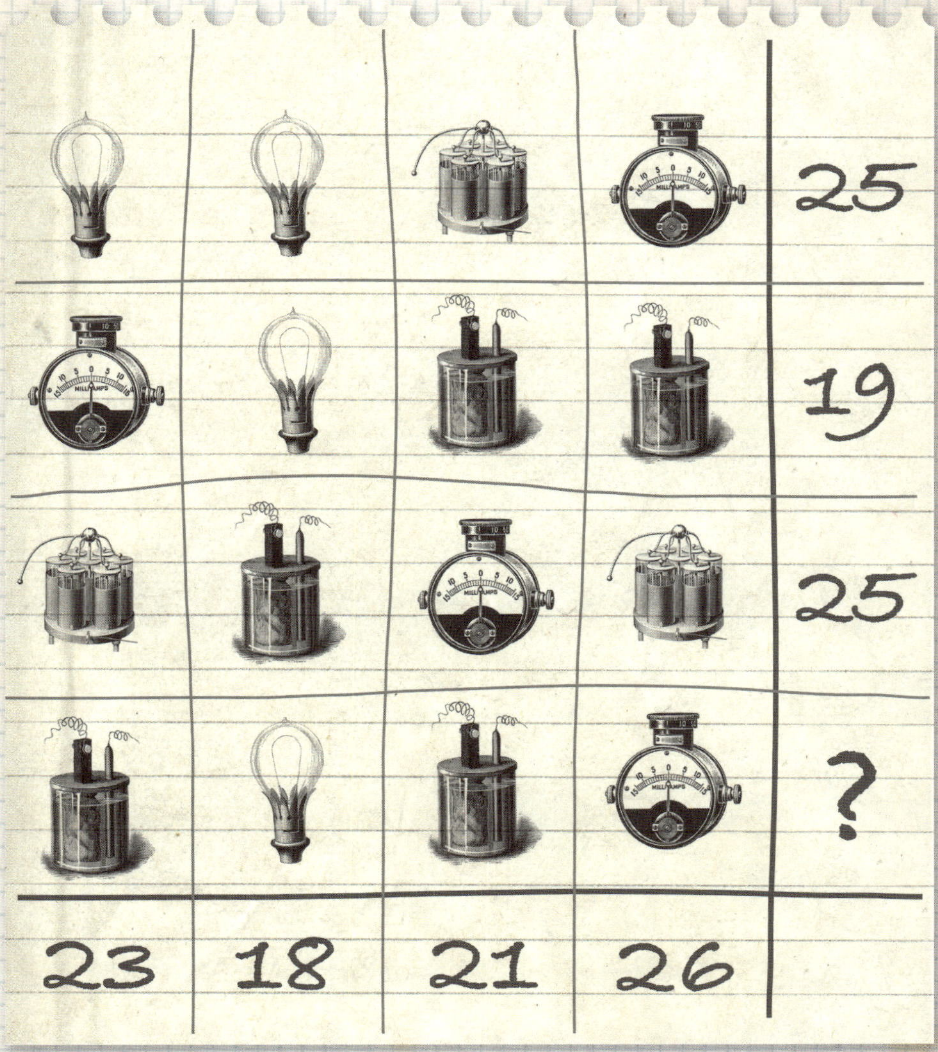

Solution page 197

PRÉDATEURS

— Le monde des affaires est une jungle, dit Edison avec condescendance, il y a des loups qui ne vous lâchent pas d'une semelle en attendant que vous tombiez à terre, des sangsues prêtes à vous vider de votre sang et des hyènes qui dépèceraient votre carcasse pourrissante.

— Belle métaphore zoologique, surtout vu votre amour pour les éléphants, répliqua sèchement Tesla. Et je suppose que vous êtes le roi de la jungle ?

— Et comment !

— Un animal difficile à dompter, comme un certain sentiment dont vous me semblez bien gonflé, dit Tesla.

— Hein ? fit Edison.

Solution page 197

DÉDUCTION LOGIQUE II

Laquelle des figures ci-dessous complète la suite ?

A

B

C

D

SOLUTION PAGE 198

TÉLÉFORCE

Tesla a construit deux prototypes pour sa tour équipée du « rayon de la mort ».

La tour A peut tirer un rayon d'énergie à cinq reprises en cinq secondes ; la tour B peut tirer dix fois en dix secondes.

En supposant qu'il démarre son chronomètre au moment où le premier rayon est tiré, quelle tour peut envoyer le plus rapidement douze rayons ?

« Il n'existe pas de mémoire ou de faculté mémorielle basée sur une impression durable. Ce que nous désignons comme la mémoire n'est qu'une capacité de réaction accrue à des stimuli répétés. »

NIKOLA TESLA

Solution page 198

COMPLÉTEZ LA GRILLE XI

Que doit contenir la case vide ?

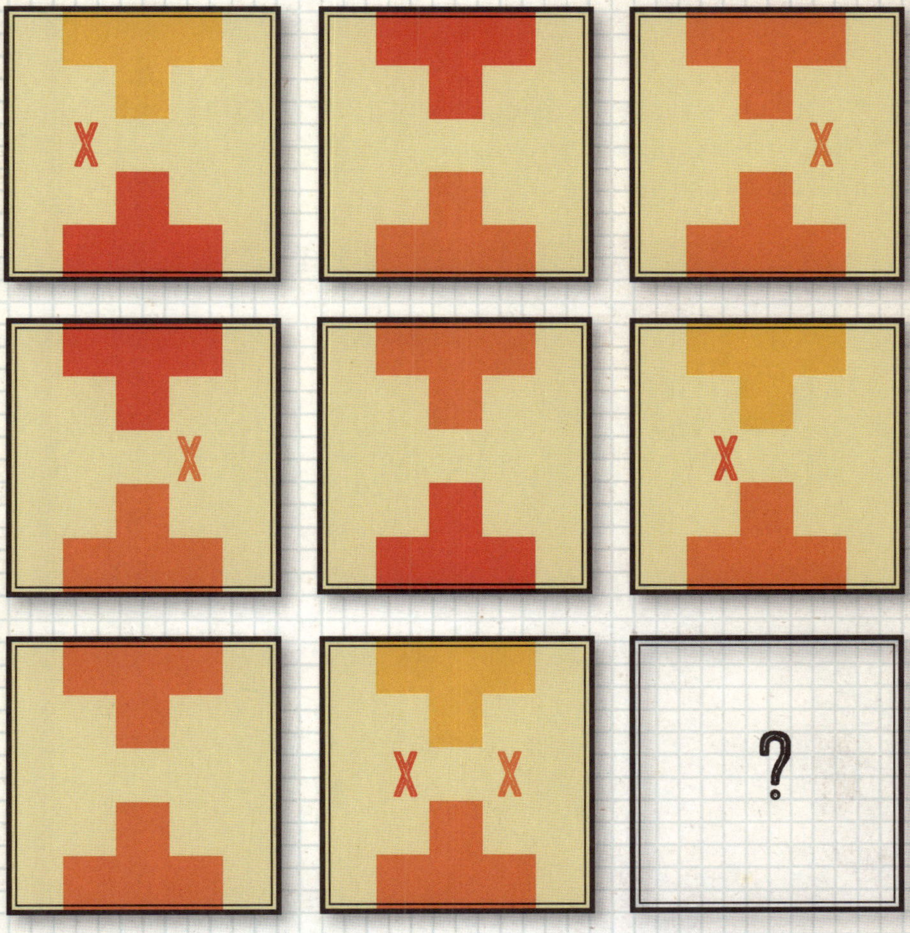

Solution page 199

RÉSEAU ÉLECTRIQUE VI

1. *Faites passer un unique fil électrique continu par chacun des relais de la grille pour compléter le circuit.*
2. *Le fil doit entrer dans chaque case et en ressortir par le milieu d'un de ses quatre côtés.*
3. *Si le fil entre dans un relais doré, il doit aussitôt tourner à 90 degrés à gauche ou à droite sur cette case. Il doit également traverser en ligne droite la case précédente et la suivante.*
4. *Si le fil entre dans un relais argenté, il doit traverser la case en ligne droite. Il doit également tourner à gauche ou à droite dans la case suivante et/ou précédente.*

SOLUTION PAGE 199

FRÉQUENCE II

Pouvez-vous identifier ces quatre pionniers de la science et des technologies uniquement d'après la fréquence des lettres dans leurs noms ?

1

A	B	C	D	E	F	G	H	I	J	K	L	M
1	0	1	2	2	0	0	0	2	0	0	1	0
N	**O**	**P**	**Q**	**R**	**S**	**T**	**U**	**V**	**W**	**X**	**Y**	**Z**
2	1	0	0	1	0	0	0	1	0	0	0	0

2

A	B	C	D	E	F	G	H	I	J	K	L	M
2	1	0	0	1	1	0	0	2	1	1	1	1
N	**O**	**P**	**Q**	**R**	**S**	**T**	**U**	**V**	**W**	**X**	**Y**	**Z**
4	0	0	0	1	0	0	0	0	0	0	0	0

3

A	B	C	D	E	F	G	H	I	J	K	L	M
1	0	0	1	1	0	0	1	1	0	0	0	1
N	**O**	**P**	**Q**	**R**	**S**	**T**	**U**	**V**	**W**	**X**	**Y**	**Z**
1	2	0	0	0	2	1	0	0	0	0	0	0

4

A	B	C	D	E	F	G	H	I	J	K	L	M
3	1	1	0	1	0	0	0	1	0	0	2	0
N	**O**	**P**	**Q**	**R**	**S**	**T**	**U**	**V**	**W**	**X**	**Y**	**Z**
0	0	1	0	0	2	0	0	0	0	0	0	0

SOLUTION PAGE 200

VILLE ÉLECTRIQUE

Les prix de la ville la plus innovante vont bientôt être remis. Pouvez-vous déterminer l'ordre des lauréats, la ville, le nom de son maire et son innovation ?

1. *La base spatiale de Jackson a rattaché le Mississippi au reste de l'univers connu.*
2. *Payne, qui n'est pas maire de Seattle, n'est qu'à une place d'écart du maire Tomlinson, dont la ville peut maîtriser sa météo.*
3. *Le troisième prix a été attribué à la ville du maire Styles, située sur la côte Est.*
4. *La ville dotée d'un stade anti-gravité, qui n'est pas Miami, a reçu le deuxième prix.*

Prix	Ville	Maire	Innovation
Premier			
Deuxième			
Troisième			
Quatrième			

SOLUTION PAGE 200

	Miami	Seattle	Jackson	Boston	Styles	Tomlinson	Horan	Payne	Base spatiale	Maîtrise de la météo	Dôme sous-marin	Stade anti-gravité
Premier prix												
Deuxième prix												
Troisième prix												
Quatrième prix												
Base spatiale												
Maîtrise de la météo												
Dôme sous-marin												
Stade anti-gravité												
Styles												
Tomlinson												
Horan												
Payne												

CHAOS

En 1895, alors que Tesla pleurait encore la mort de sa mère, un nouveau malheur le frappa. Un incendie dévasta son atelier de New York, réduisant tout son travail en cendres.

Sur la page ci-contre figurent différentes images. Prenez quelques minutes pour les mémoriser puis tournez la page…

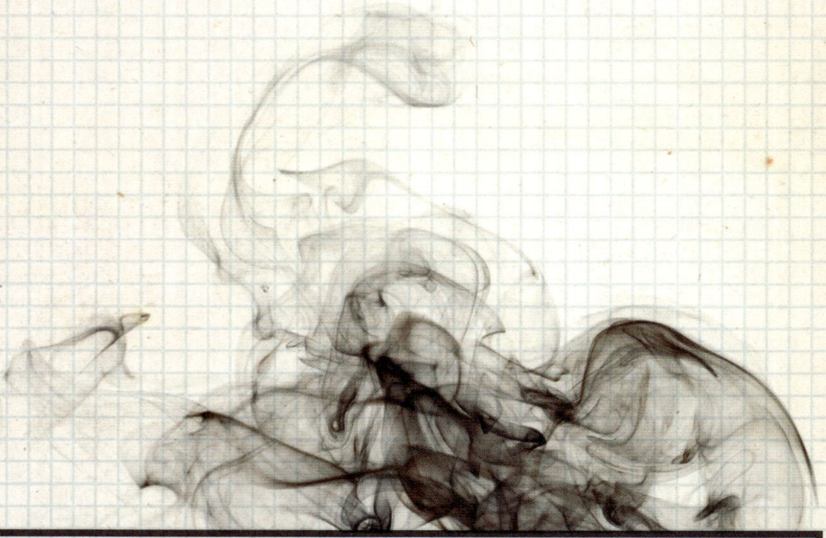

« Archimède était mon idéal. J'admirais les travaux de certains artistes, mais ils n'étaient pour moi que des ombres et de faux-semblants. L'inventeur, estimais-je, offre au monde des créations qui sont palpables, qui vivent et sont fonctionnelles. »

NIKOLA TESLA

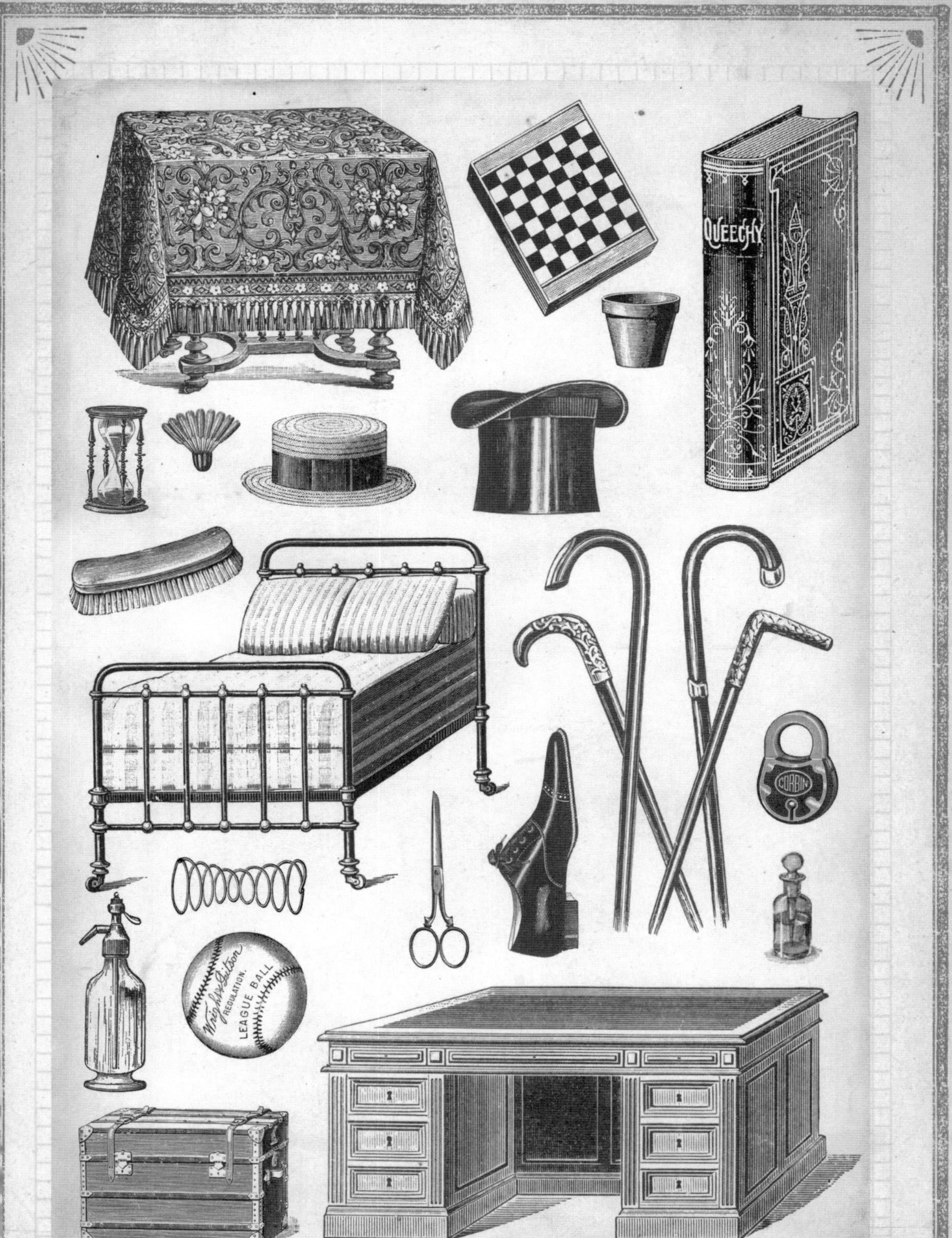
QUEECHY
CORBIN
Wright & Ditson
REGULATION.
LEAGUE BALL

Dressez la liste de tout ce dont vous vous souvenez de la page précédente – et sans tricher !

1	
2	
3	
4	
5	
6	
7	
8	
9	
10	
11	
12	
13	
14	
15	
16	
17	
18	
19	
20	

COMPLÉTEZ LA GRILLE XII

Que doit contenir la case vide ?

SOLUTION PAGE 201

SE RENDRE À L'ÉVIDENCE

Trois chimistes à l'esprit de compétition, Alice, Brigitte et Carly, ont tenté de créer un tonique anti-vieillissement. Chacune d'elles prend une fiole de sa préparation et boit…

Au bout de quelques minutes, le visage des trois scientifiques vire à un vert inquiétant !

Toutes trois éclatent de rire en voyant l'allure ridicule des deux autres.

Mais Alice s'arrête immédiatement quand elle se rend compte que son propre visage a dû changer de couleur.

Pouvez-vous expliquer comment elle en est arrivée à cette conclusion ?

Solution page 201

SYSTÈME DE VALEURS VIII

Déterminez la valeur de chaque élément pour trouver quel nombre remplace le point d'interrogation.

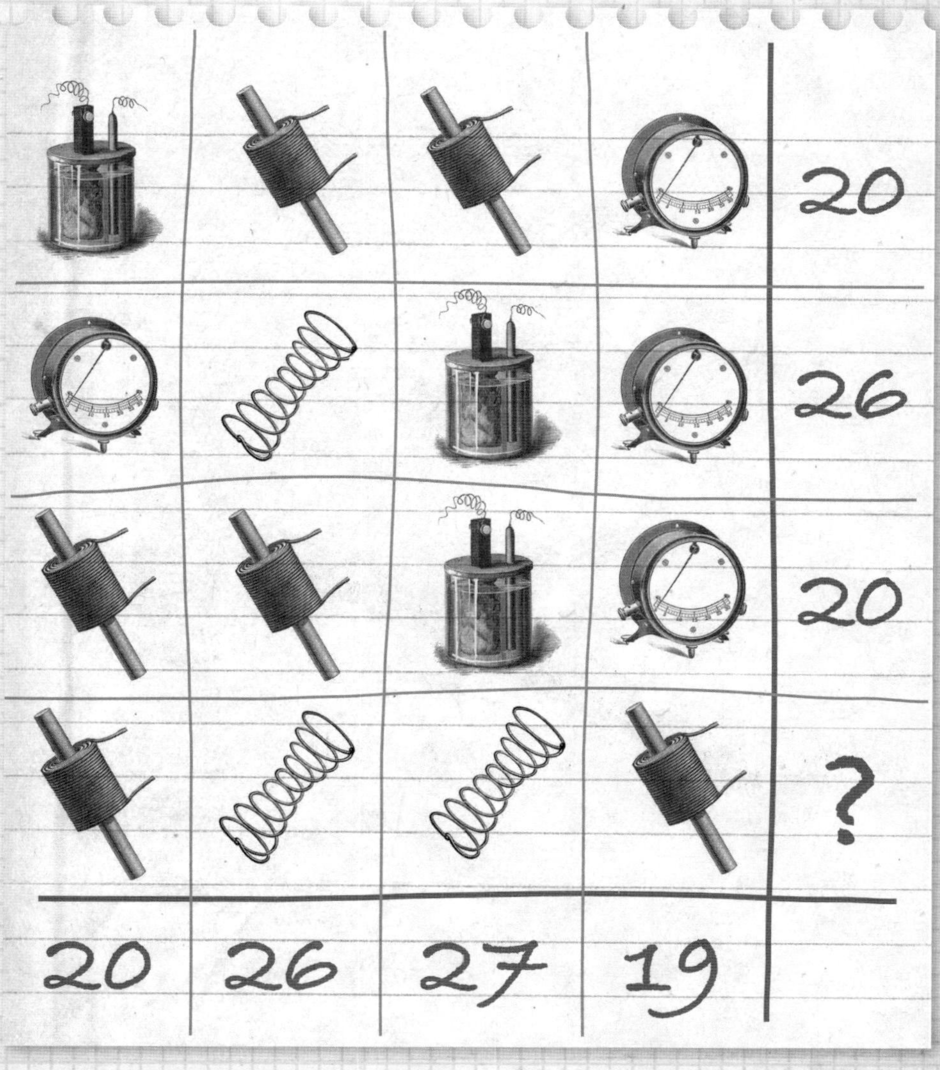

Solution page 202

INTRUSION

Certaines personnes étaient jalouses du travail de Tesla. Mais jusqu'où étaient-elles prêtes à aller pour causer sa perte ?

Une nuit, deux hommes pénétrèrent dans l'atelier de Tesla. L'un d'eux défonça la porte à coups de hache et fouilla rapidement le labo avant de repartir en laissant l'endroit sens dessus dessous.

Quand Tesla y retourna, il trouva le travail de toute sa vie anéanti. Les deux intrus se tenaient à proximité, à quelques pas seulement d'un officier de police. Tesla était certain que ces hommes étaient entrés par effraction dans son labo, mais il ne porta pas plainte.

Pourquoi ?

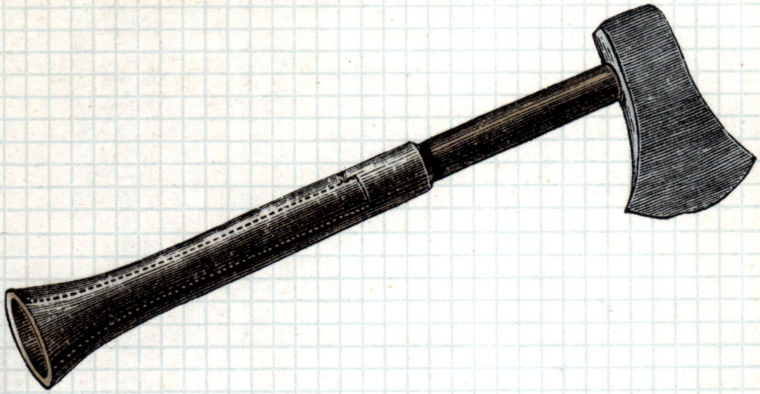

Solution page 202

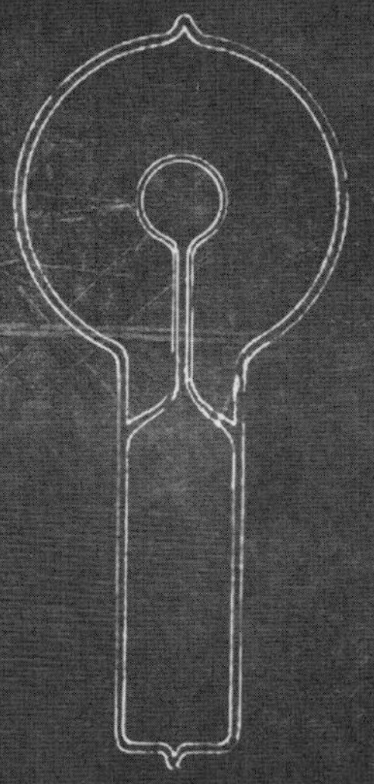

« Les scientifiques d'aujourd'hui réfléchissent profondément et non clairement. Il faut être sain d'esprit pour penser clairement, mais on peut réfléchir profondément et être totalement fou. »

NIKOLA TESLA

URBANISME III

Votre ville est divisée en six quartiers. Le maire a décrété que chaque quartier doit comporter une des infrastructures suivantes :

Logements Usine Bureaux

École Stade Parc

Vous devez faire en sorte qu'aucune infrastructure ne figure plus d'une fois dans chaque colonne et sur chaque ligne et que deux infrastructures du même type ne soient jamais adjacentes.

Solution page 203

À VRAI DIRE

Trois jeunes ingénieurs électriciens travaillent sur des générateurs portables pour Edison Inc. Chacun affirme trois choses concernant la puissance de son générateur, dont deux sont vraies et une fausse.

Alfred : « Ma machine a généré 3 600 watts. »

Bart : « Eh bien, au moins, la mienne n'est pas la moins puissante. »

Charlie : « Ma puissance de sortie est inférieure à celle d'Alfred. »

Alfred : « Ma puissance de sortie est inférieure de 800 watts à celle de Bart. »

Bart : « Il y a 1 200 watts de différence entre la mienne et celle de Charlie. »

Charlie : « Bart a généré 1 200 watts de plus qu'Alfred. »

Alfred : « J'ai généré 400 watts de plus que Charlie. »

Bart : « La puissance de sortie de Charlie est de 4 800 watts. »

Charlie : « Alfred a généré 4 000 watts. »

Pouvez-vous déterminer la puissance de chaque générateur ?

Solution page 203

COMPLÉTEZ LA GRILLE XIII

Que doit contenir la case vide ?

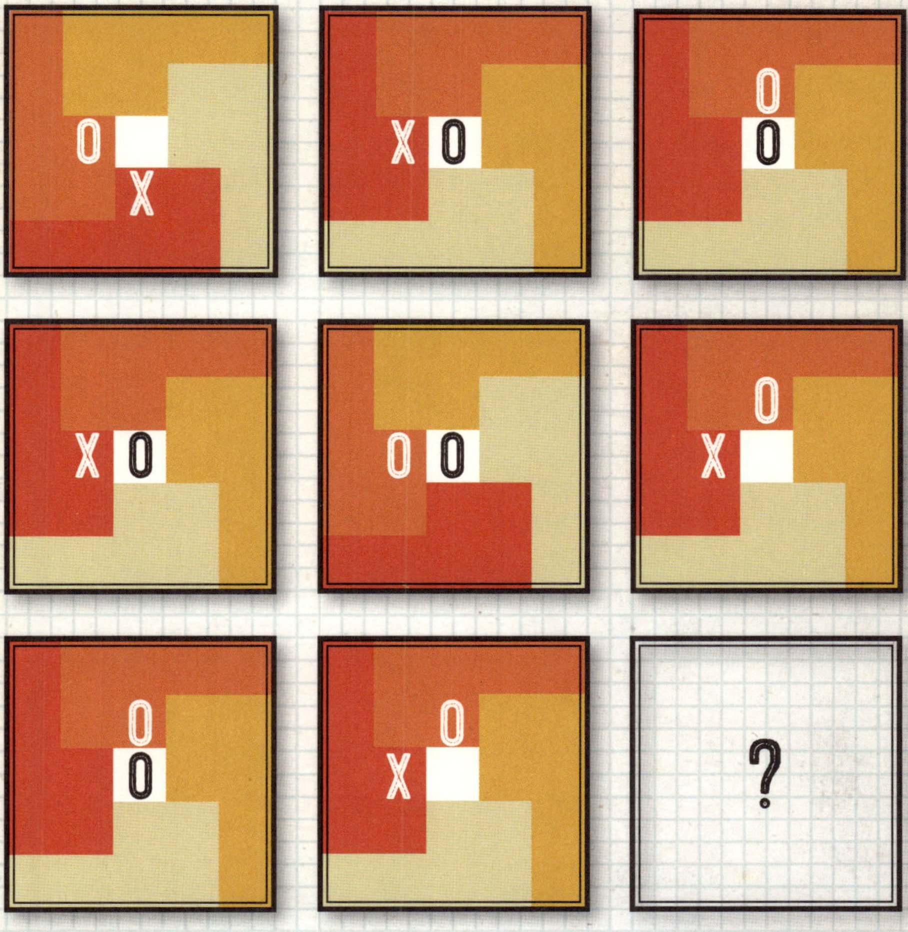

Solution page 204

SERVICE TECHNIQUE

Quatre utilisateurs de réseaux ont contacté leur service technique pour signaler des problèmes. Pouvez-vous identifier le domaine de messagerie de chaque utilisateur, son mot de passe et la nature de son problème ?

Le nom de l'utilisateur qui a accédé à son compte hatemail avec le mot de passe ICU812 comporte les mêmes chiffres que celui qui a perdu des fichiers.

Chuis1nul est le mot de passe peu gratifiant de l'utilisateur CB1.

L'utilisateur qui n'avait plus de connexion au réseau pour accéder à sa boîte e-mail ickipedia a un nom d'utilisateur plus long que la personne ayant le mot de passe le plus évident.

Sn00pee n'utilise pas hatemail mais son système a été infecté par un dangereux virus.

Nom d'utilisateur	Email	Mot de passe	Problème
CB1			
P1gPen			
Sn00pee			
W00dstck			

	@ickypedia.org	@hatemail.net	@gargle.com	@yaaboo.com	Chuislnul	motdepasse	ICU812	12345	Coupure de courant	Pas de réseau	Fichiers perdus	Virus
CB1												
PlgPen												
SnOOpee												
WOOdstck												
Coupure de courant												
Pas de réseau												
Fichiers perdus												
Virus												
Chuislnul												
motdepasse												
ICU812												
12345												

Solution page 204

FORCE VITALE

Après avoir perdu le travail de toute sa vie, Tesla sombra dans la folie. Il se prit d'intérêt pour le mysticisme indien et devint disciple du chimiste et mystique Sir William Crookes. Il se mit même à utiliser l'électricité sur lui-même.

Sur la page ci-contre figurent différentes images. Prenez quelques minutes pour les mémoriser puis tournez la page…

« Le scientifique n'aspire pas à un résultat immédiat. Son travail est semblable à celui du planteur : tourné vers l'avenir. Il a pour devoir de poser les bases pour ceux qui suivront et de montrer la voie. »

NIKOLA TESLA

Solution page 205

Deux éléments ont été permutés. Pouvez-vous dire lesquels ?

ACHATS

Tesla se rend à la quincaillerie de son quartier.

— *C'est un pour cinq dollars ou cinq pour dix dollars, dit le vendeur.*

— *Ça ne me servirait pas à grand-chose, dit Tesla. Combien pour six ?*

— *Je vois ce que vous voulez dire. Eh bien, six, c'est quinze dollars, et neuf ça ferait…*

— *Ça va aller. Douze, ça fera l'affaire.*

— *Ça fait vingt dollars, s'il vous plaît.*

Qu'achète Tesla ?

SOLUTION PAGE 206

COMPLÉTEZ LA GRILLE XIV

Que doit contenir la case vide ?

Solution page 206

SYSTÈME DE VALEURS IX

Déterminez la valeur de chaque élément pour trouver quel nombre remplace le point d'interrogation.

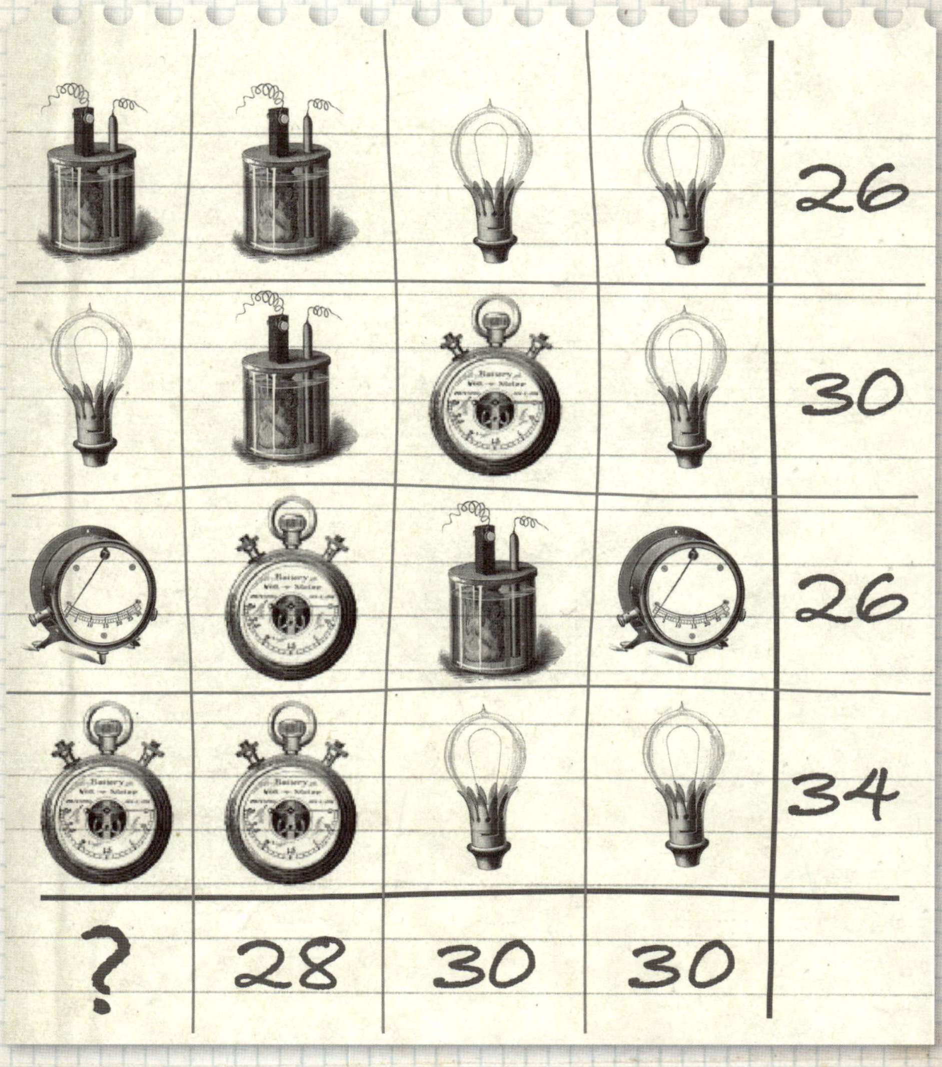

Solution page 207

CÂBLAGE

Tesla a installé l'électricité dans son nouvel atelier. Il a tiré trois câbles identiques qui relient le sous-sol à son labo au dernier étage. Il a mis des étiquettes aux deux extrémités de chaque câble pour les reconnaître, mais il s'aperçoit malheureusement, après avoir mis en place les câbles dans le bâtiment, que les étiquettes (A, B et C) qu'il avait attachées aux extrémités supérieures se sont décrochées.

Il dispose d'un appareil indiquant si un courant passe dans un câble mais seulement si les deux extrémités du câble sont reliées à celui-ci. Combien de fois devra-t-il descendre au sous-sol pour identifier les trois câbles ?

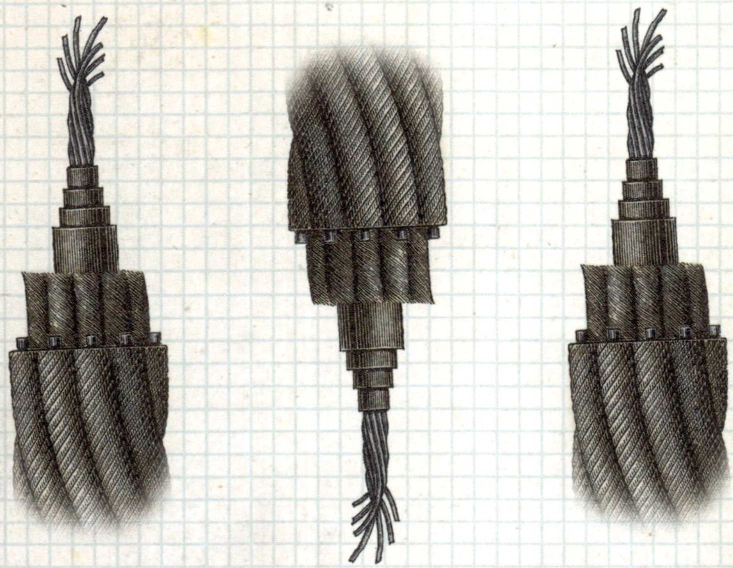

SOLUTION PAGE 207

COMPLÉTEZ LA GRILLE XV

Que doit contenir la case vide ?

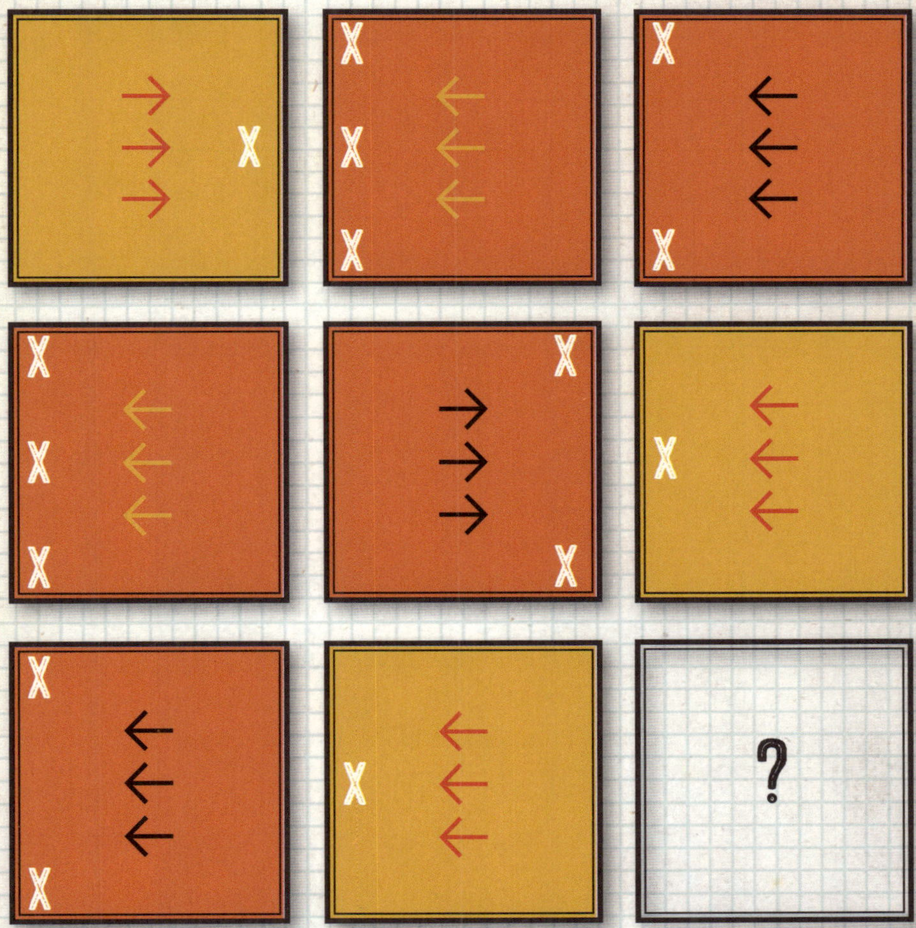

Solution page 208

ALIMENTATION ÉLECTRIQUE VI

1. Placez une batterie (⚡) dans une case adjacente à chacune des ampoules de la grille.
2. Des cases adjacentes ont un côté commun (nord, sud, est et ouest), pas seulement un coin.
3. Les batteries ne peuvent pas se trouver sur des cases adjacentes.
4. Les chiffres vous indiquent le nombre de batteries qui doivent être placées sur chaque ligne ou colonne.

	II	I	0	IV	0	0	II	I	
I								💡	I
I	💡		💡						I
I									I
I	💡		💡						I
II							💡		II
I					💡				I
I		💡							I
II					💡		💡		II
	II	I	0	IV	0	0	II	I	

Solution page 209

GÉNIE CACHÉ

Combien de grands esprits connaissez-vous ?

Combien d'entre eux trouverez-vous dans cette grille ?

N	I	E	T	S	N	E	G	T	T	I	W	A	L	O	A	G	A
O	C	A	O	A	E	K	A	D	I	P	U	I	M	Y	V	O	A
R	I	T	Z	I	C	N	M	I	J	E	H	F	A	G	G	Y	S
A	Y	B	W	D	E	Y	A	W	A	C	E	V	U	S	A	A	R
W	S	A	P	G	E	A	L	S	E	T	K	A	Z	E	L	C	D
D	I	N	A	C	A	O	O	I	A	O	G	A	D	F	I	G	E
A	Q	E	S	A	V	H	L	Z	E	N	E	L	E	A	L	O	T
A	T	C	C	O	B	J	Z	E	E	L	C	Q	S	F	E	E	D
S	R	A	A	K	O	C	A	E	G	T	V	U	Y	A	E	U	A
A	G	Z	L	O	H	H	P	E	W	N	U	O	R	S	O	E	R
V	I	F	M	B	R	A	I	T	C	Q	A	D	Z	I	T	H	D
O	M	E	V	E	T	E	G	O	O	S	X	L	A	I	E	A	Y
S	A	N	H	A	U	D	C	T	L	E	L	O	E	M	N	G	A
E	S	E	T	A	R	C	O	S	Q	I	E	J	A	H	P	E	B
D	S	I	O	Y	E	B	A	I	E	N	B	M	O	A	C	J	I
E	R	T	D	V	L	A	T	R	S	S	A	T	E	S	A	I	L
M	A	R	C	E	A	P	J	A	A	T	N	A	C	X	E	H	M
I	Y	D	E	D	S	H	A	U	T	E	E	V	F	R	A	S	O
H	O	I	N	Q	L	C	V	E	A	I	N	B	I	G	K	D	K
C	A	B	G	A	M	U	A	S	N	N	A	O	U	A	E	B	A
R	S	K	A	F	E	A	R	R	E	P	I	E	T	O	X	P	M
A	A	Z	H	I	D	L	Z	N	T	A	D	M	A	A	L	T	S
Y	U	A	S	E	M	A	E	J	A	E	P	A	N	I	L	H	X
I	A	I	C	N	I	V	E	D	O	N	S	O	I	U	R	P	I

Solution page 210

COURSE À L'ESPACE

Quatre intrépides équipes d'astronautes ont entrepris d'explorer le système solaire.

1. *L'équipe à qui on a confié la tâche de détruire les astéroïdes gênants n'a pas terminé en premier.*
2. *L'équipe Charlie était dirigée par le décontracté colonel Roger Bucks.*
3. *La base lunaire a été construite par l'équipe de Crash Cordon. Son nom de code dans l'alphabet phonétique de l'OTAN vient juste après celui de l'équipe qui a fini troisième.*
4. *L'équipe de James Kerk a rempli sa mission avant l'équipe Alpha qui tentait de se poser sur Mars.*
5. *Ayant dû parcourir la plus grande distance, l'équipe qui visait à établir une station solaire, la mission la plus risquée, a été la dernière à la remplir.*

Équipe	Mission	Chef	Résultat
Alpha			
Bravo			
Charlie			
Delta			

Solution page 211

	Base lunaire	Destruction d'astéroïdes	Station solaire	Atterrissage sur Mars	Crash Cordon	Roger Bucks	James Kerk	Daniel Daring	Premier	Deuxième	Troisième	Quatrième
Alpha												
Bravo												
Charlie												
Delta												
Premier												
Deuxième												
Troisième												
Quatrième												
Crash Cordon												
Roger Bucks												
James Kerk												
Daniel Daring												

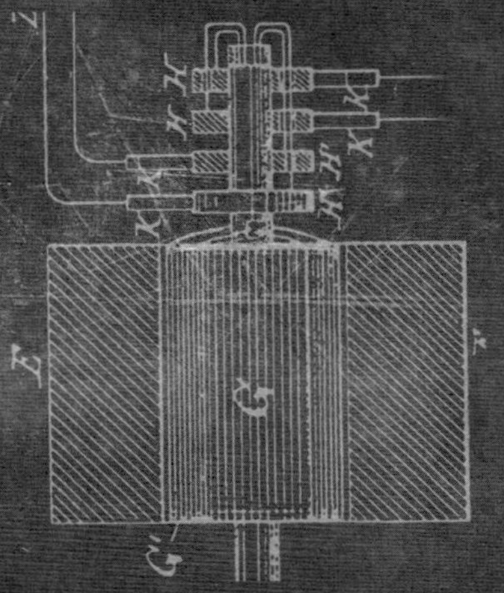

« Je ne crois pas qu'il existe d'excitation plus forte que celle ressentie par l'inventeur lorsqu'il voit une création de son esprit prendre forme et atteindre l'objectif visé… De telles émotions font oublier à un homme la nourriture, le sommeil, les amis, l'amour, tout. »

NIKOLA TESLA

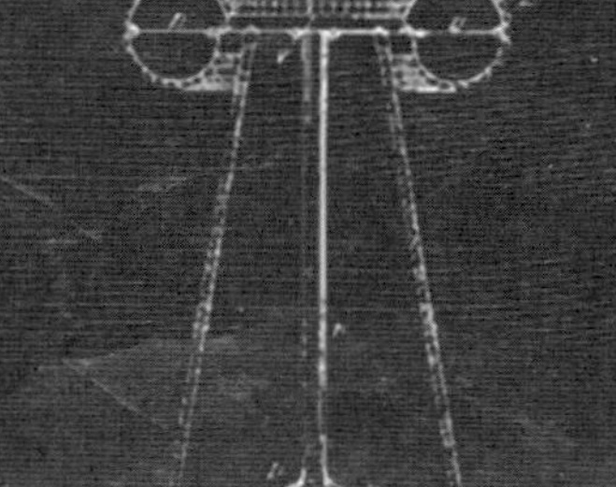

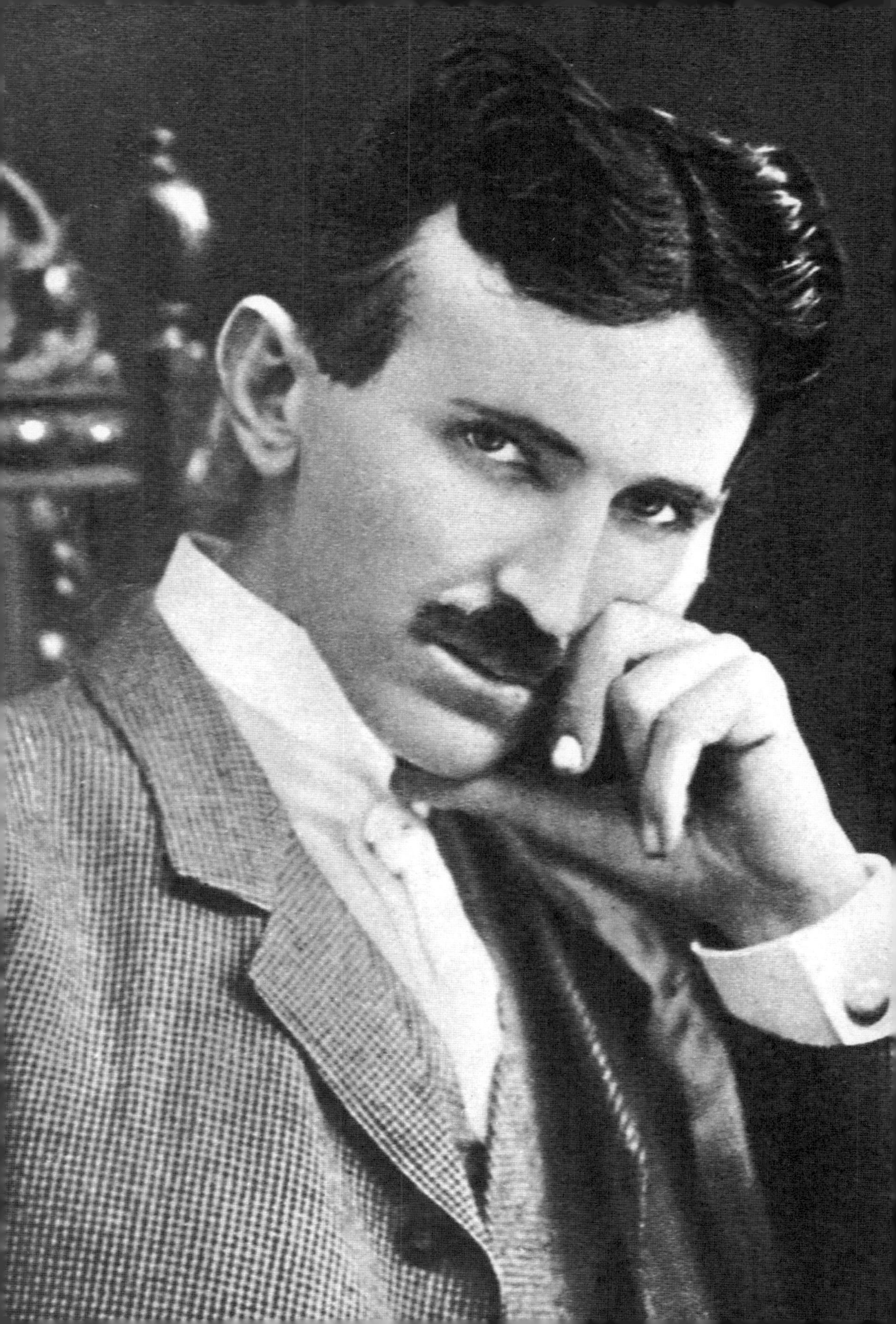

RÉSEAU ÉLECTRIQUE VII

1. *Faites passer un unique fil électrique continu par chacun des relais de la grille pour compléter le circuit.*

2. *Le fil doit entrer dans chaque case et en ressortir par le milieu d'un de ses quatre côtés.*

3. *Si le fil entre dans un relais doré, il doit aussitôt tourner à 90 degrés à gauche ou à droite sur cette case. Il doit également traverser en ligne droite la case précédente et la suivante.*

4. *Si le fil entre dans un relais argenté, il doit traverser la case en ligne droite. Il doit également tourner à gauche ou à droite dans la case suivante et/ou précédente.*

Solution page 211

DÉDUCTION LOGIQUE III

Laquelle des figures ci-dessous complète la suite ?

A

B

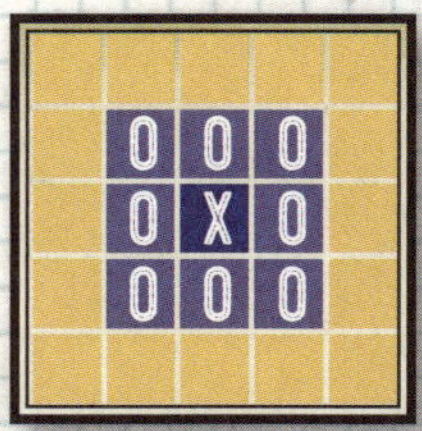

C

D

Solution page 212

AMIS À PLUMES

On pouvait souvent voir Tesla en train de nourrir des pigeons, qu'il appelait « mes seuls amis ». Son affection pour un pigeon en particulier frisait le sentiment amoureux.

Sur la page ci-contre figurent différentes images. Prenez quelques minutes pour les mémoriser puis tournez la page…

« J'aimais cette femelle pigeon comme un homme aime une femme, et elle m'aimait aussi. Tant que je l'avais, j'avais une raison d'être. »

NIKOLA TESLA

Solution page 214

Qu'est-ce qui a changé ?

COMPLÉTEZ LA GRILLE XVI

Que doit contenir la case vide ?

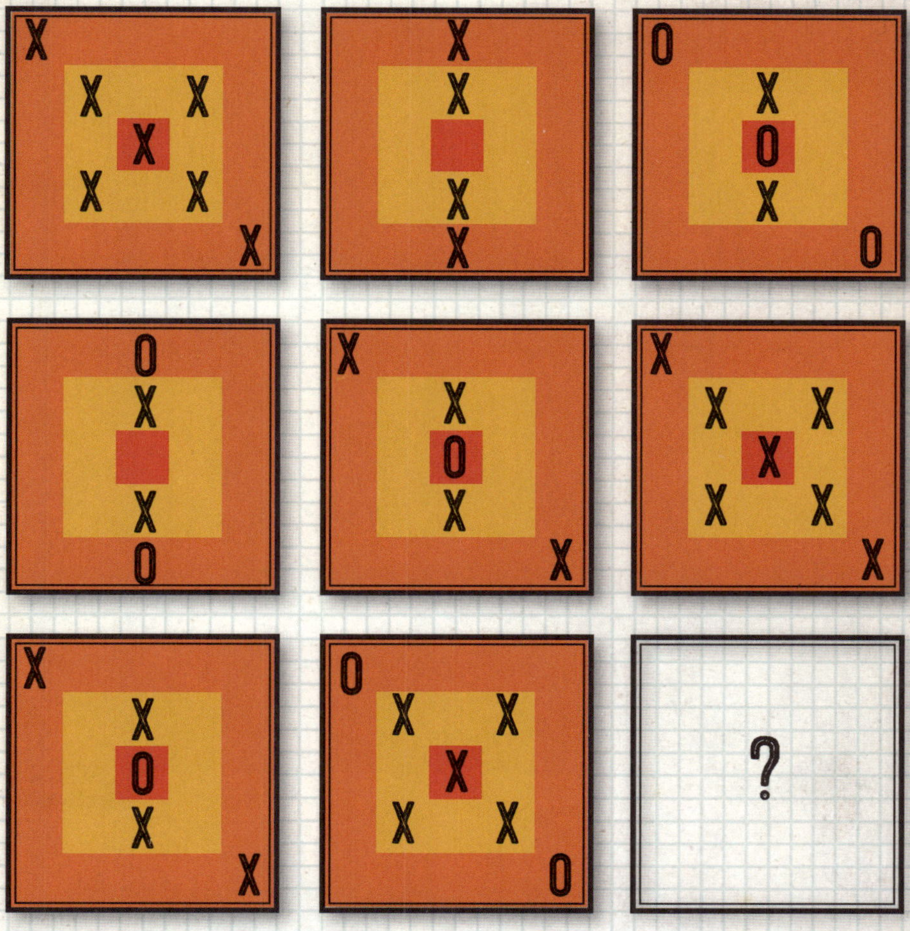

Solution page 215

URBANISME IV

Votre ville est divisée en six quartiers. Le maire a décrété que chaque quartier doit comporter une des infrastructures suivantes :

Logements	Usine	Bureaux
École	Stade	Parc

Vous devez faire en sorte qu'aucune infrastructure ne figure plus d'une fois dans chaque colonne et sur chaque ligne et que deux infrastructures du même type ne soient jamais adjacentes.

Solution page 215

SYSTÈME DE VALEURS X

Déterminez la valeur de chaque élément pour trouver quel nombre remplace le point d'interrogation.

SOLUTION PAGE 216

MARK TWAIN

Nikola Tesla était ami avec le célèbre auteur Mark Twain. Ci-dessous figure une citation de Twain cryptée. Pouvez-vous la déchiffrer ?

A	F	O	U	D	R	E
I	O	L	E	E	T	L
R	E	L	A	L	U	C
E	N	C	E	E	N	T
A	D	I	F	F	E	R
C	E	C	E	S	T	L
M	P	O	R	T	A	N
S	H	A	U	T	E	I
D	E	L	A	P	L	U
U	S	T	E	E	S	T
T	L	E	M	O	T	J
E	J	U	S	T	E	E
T	P	R	E	S	Q	U
T	R	E	L	E	M	O
R	E	N	C	E	E	N
L	A	D	I	F	F	E

Solution page 216

ALIMENTATION ÉLECTRIQUE VII

1. Placez une batterie (⚡) dans une case adjacente à chacune des ampoules de la grille.
2. Des cases adjacentes ont un côté commun (nord, sud, est et ouest), pas seulement un coin.
3. Les batteries ne peuvent pas se trouver sur des cases adjacentes.
4. Les chiffres vous indiquent le nombre de batteries qui doivent être placées sur chaque ligne ou colonne.

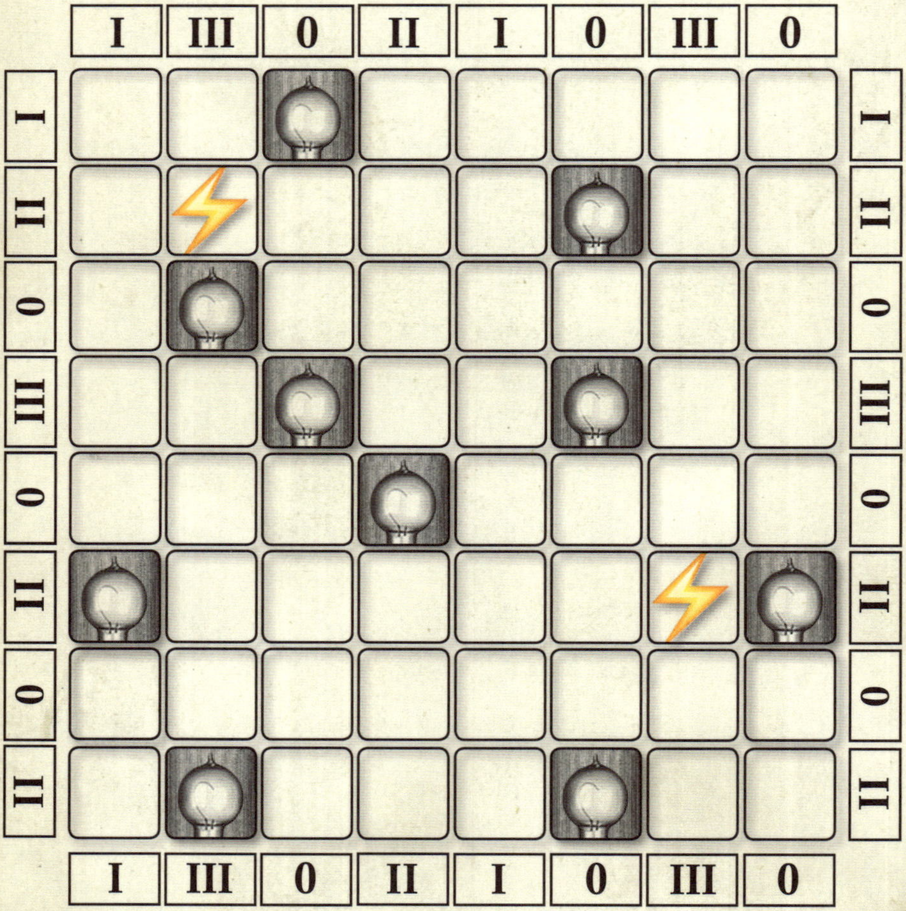

Solution page 218

TOUR DE RÊVES

La tour de Tesla a été achevée. La facture totale du projet était d'un million de dollars.

Le coût de construction était supérieur de 900 000 dollars au coût du terrain. Par conséquent, combien Tesla a-t-il payé le terrain ?

La véritable tour de Tesla (tour de Wardenclyffe) a été construite en 1901. Le projet ultime de Tesla était d'en faire un moyen de transmission d'énergie sans fil, mais il ne parvint pas à trouver des investisseurs et la tour fut abandonnée en 1906.

SOLUTION PAGE 219

COMPLÉTEZ LA GRILLE XVII

Que doit contenir la case vide ?

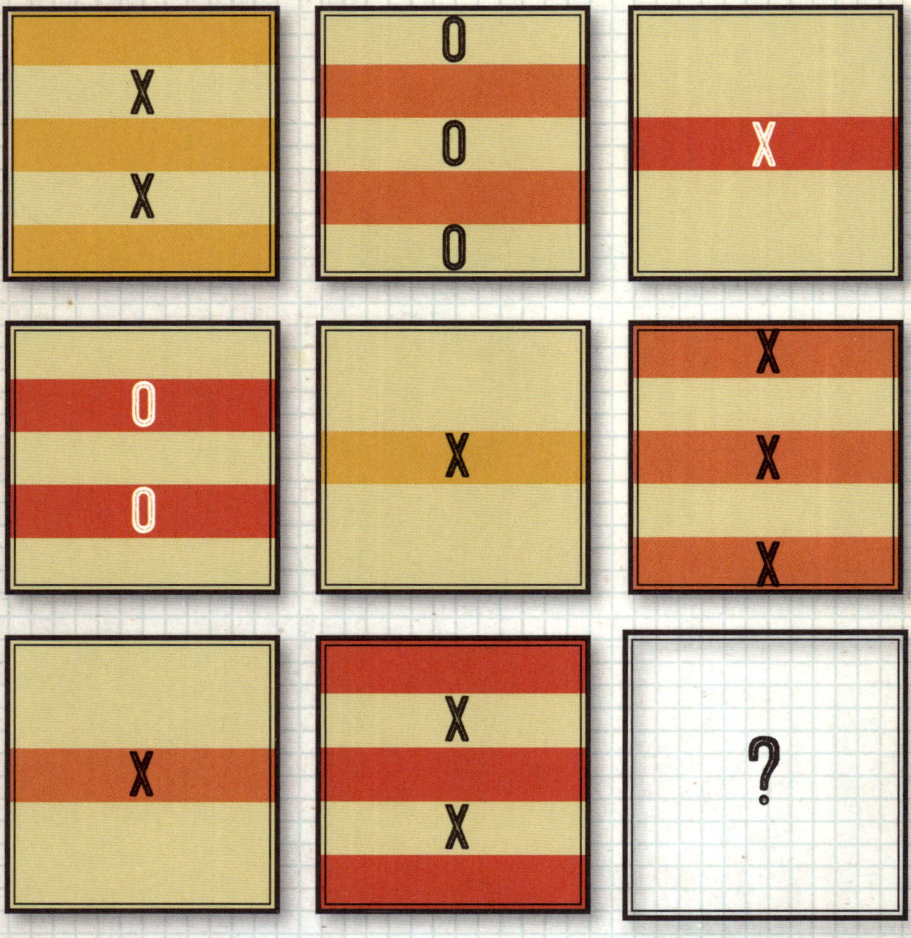

SOLUTION PAGE 219

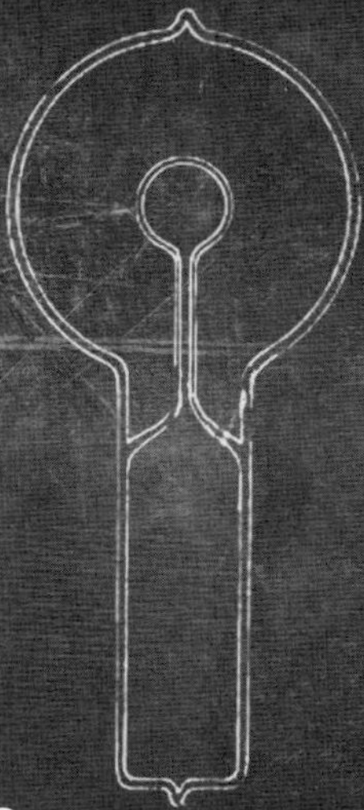

« Même si nous ne comprendrons peut-être jamais la vie humaine, nous savons avec certitude qu'il s'agit d'un mouvement, quelle qu'en soit la nature. L'existence de ce mouvement implique inévitablement un corps qui bouge et une force qui déplace celui-ci. Par conséquent, partout où il y a de la vie, il y a une masse mise en mouvement par une force. Toute masse possède une inertie ; toute force tend à persister. »

NIKOLA TESLA

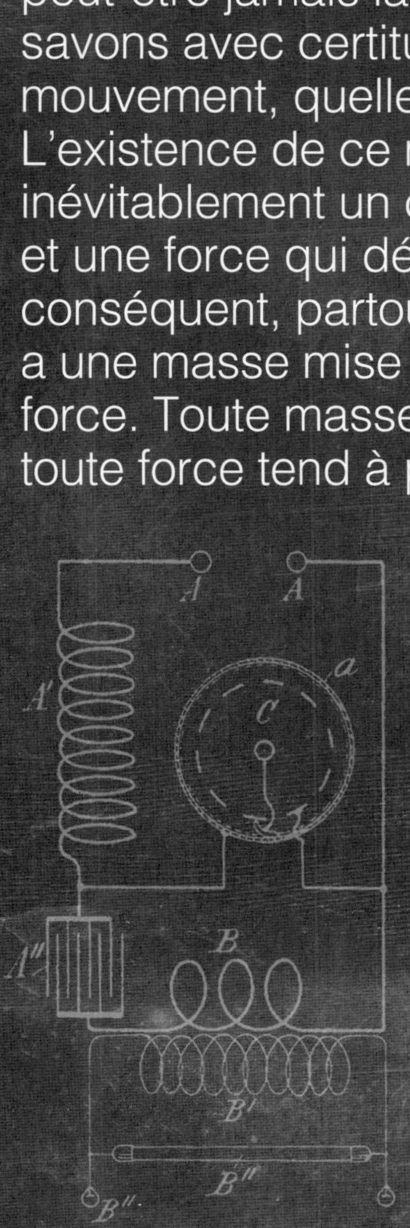

URBANISME V

Votre ville est divisée en six quartiers. Le maire a décrété que chaque quartier doit comporter une des infrastructures suivantes :

- Logements
- Usine
- Bureaux
- École
- Stade
- Parc

Vous devez faire en sorte qu'aucune infrastructure ne figure plus d'une fois dans chaque colonne et sur chaque ligne et que deux infrastructures du même type ne soient jamais adjacentes.

Solution page 220

COMPLÉTEZ LA GRILLE XVIII

Que doit contenir la case vide ?

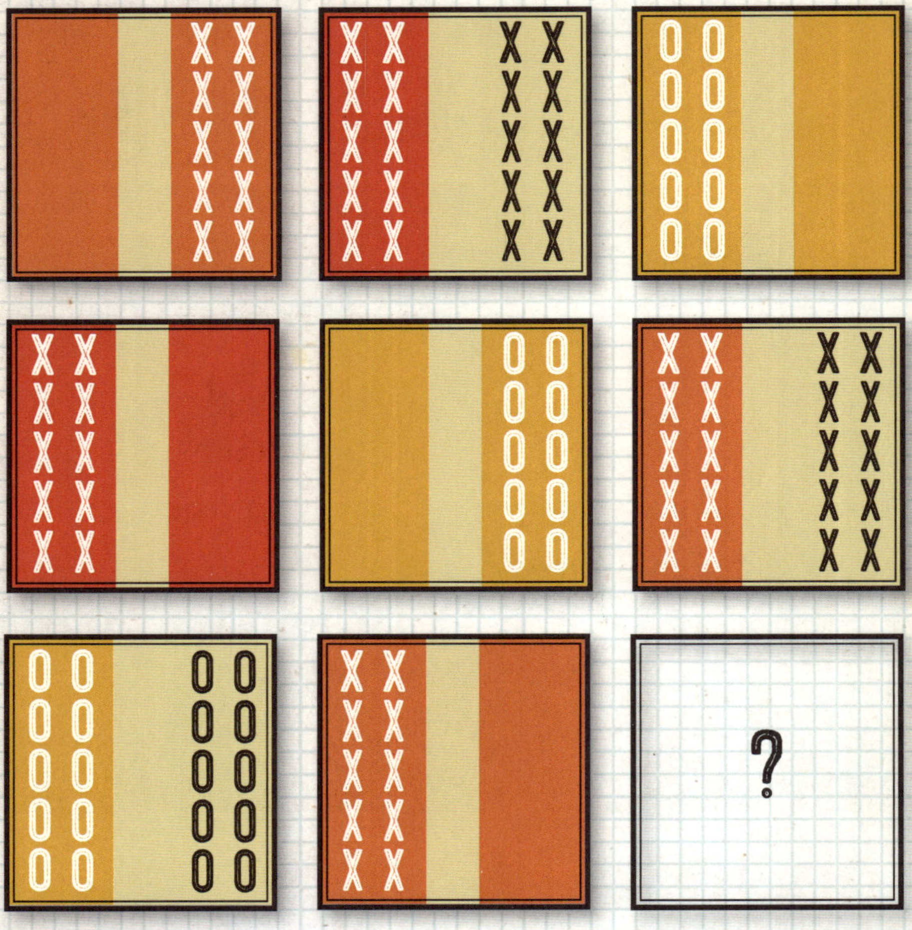

Solution page 221

FRAPPE, BATTEUR!

Henry regardait à travers la vitre un groupe d'enfants en train de jouer au baseball devant chez lui.

Un des enfants réussit à frapper la balle ; malheureusement, celle-ci atteignit la vitre et la cassa. Henry sortit mais les enfants qui se disputaient ne prêtèrent pas attention à sa détresse. Au bout d'un moment, ils découvrirent Henry par terre, mort.

Les enfants désemparés appelèrent leur mère qui fut à l'évidence ennuyée mais resta assez calme à la vue du cadavre d'Henry. Après les avoir grondés, elle aida les enfants à enterrer le corps d'Henry dans leur jardin.

La mère était-elle une psychopathe insensible ?

Solution page 221

DÉDUCTION LOGIQUE IV

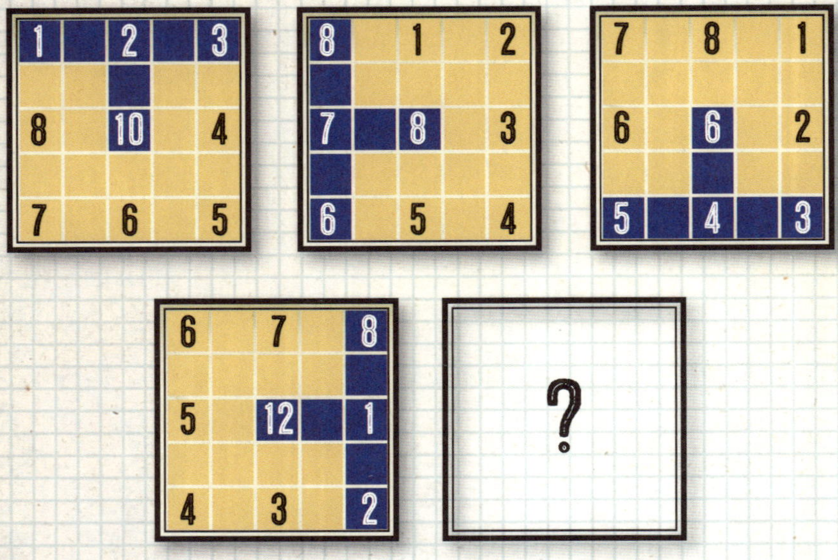

Laquelle des figures ci-dessous complète la suite ?

A B C D

Solution page 223

CONFÉRENCE SCIENTIFIQUE

Un groupe d'éminents scientifiques se réunit à Vienne.

Tous sauf deux d'entre eux sont biologistes.

Tous sauf deux d'entre eux sont chimistes.

Tous sauf deux d'entre eux sont physiciens.

Combien de scientifiques participent à cette conférence ?

SOLUTION PAGE 223

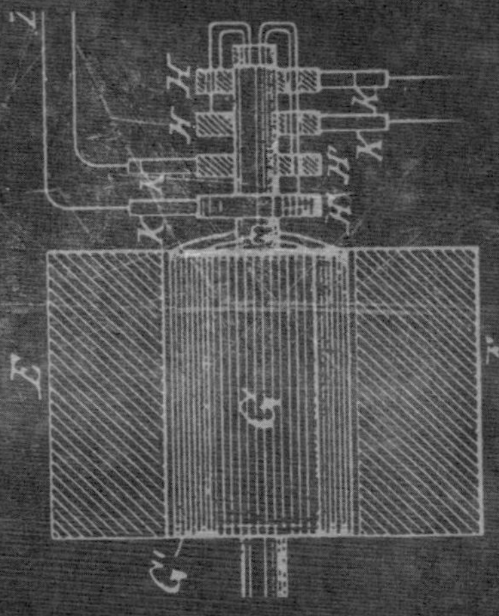

SOLUTIONS

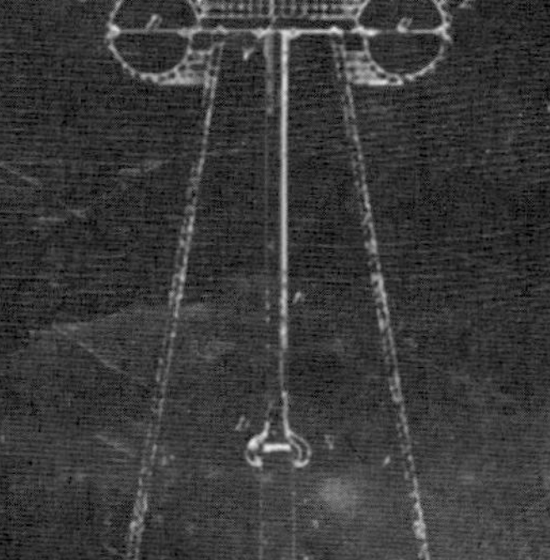

NÉ DANS UNE TEMPÊTE

Tous les mois comptent 28 jours (y compris ceux de 30 et 31 jours).

COMPLÉTEZ LA GRILLE I

Chaque ligne et chaque colonne contient deux cases dorées et un total de cinq barres.

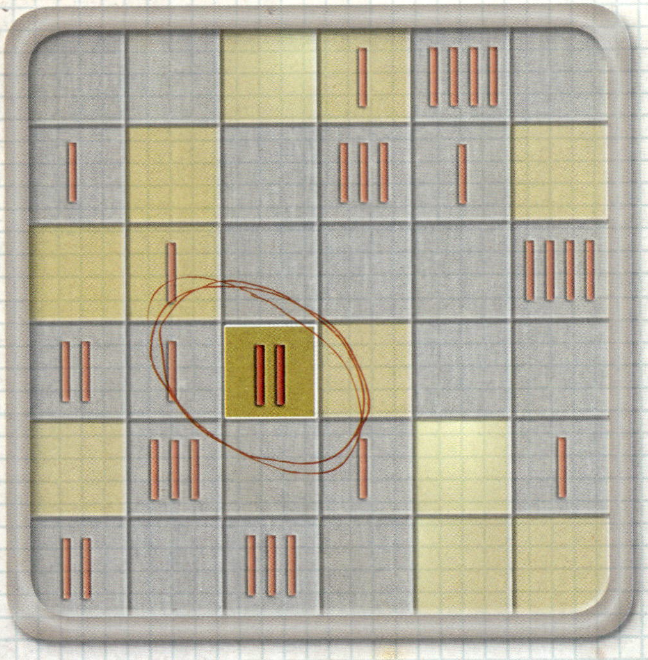

FOI, ESPOIR ET CLARTÉ

SUITE I

La réponse est S.

Premier	Deuxième	Troisième	Quatrième
Cinquième	Sixième	Septième	Huitième
Neuvième	Dixième	Onzième	Douzième
Treizième	Quatorzième	Quinzième	Seizième

PIONNIERS DE L'ÂGE DE PIERRE

	Invention	Inspiration	Récompense
Zog	Feu	Chasse	Vénéré
Ugg	Roue	Champignons	Banni
Stig	Charrue	Tigre à dents de sabre	Monument
Nigel	Arc	Orage	Nommé chef

SYSTÈME DE VALEURS I

Le nombre manquant est 10.

1

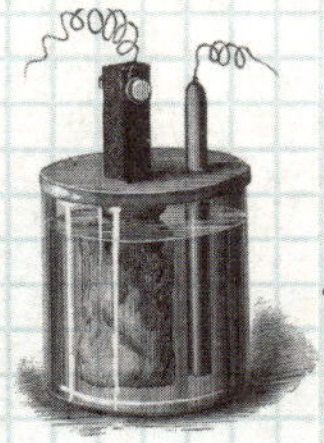
2

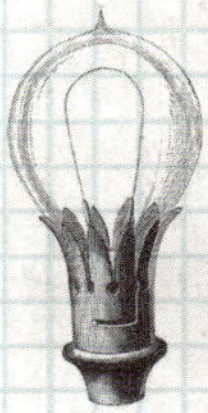
3

4

RÉSEAU ÉLECTRIQUE I

URBANISME I

TOMBEAU AQUATIQUE

L'eau était dans des états différents dans les trois pièces : liquide, solide et gazeux. L'homme en contact avec la glace est donc mort d'hypothermie et/ou d'asphyxie, et celui qui se trouvait dans la pièce pleine de vapeur est mort de brûlures et de déshydratation.

COMPLÉTEZ LA GRILLE II

Chaque ligne et chaque colonne comporte deux boutons argentés et un bouton doré.

VISIONS

DÉDUCTION LOGIQUE I

A. La figure tourne dans le sens inverse des aiguilles d'une montre et le chiffre central augmente de +1, +2, +3, +4, etc.

L'ÉNERGIE DU FUTUR

	Université	Source	Rendement
Eleanor Einstein	MIT	Gravité	250
Henry Hawking	Berkeley	Antimatière	100
Tina Tesla	Princeton	Tachyons	300
Norbert Newton	Harvard	Émotions	150

À « HUIT » CLOS

Vingt fois.

8	18	28	38	48	58	68	78	80	81
82	83	84	85	86	87	88	89	98	

COMPLÉTEZ LA GRILLE III

Chaque ligne et chaque colonne contient deux cases couleur cuivre, trois éclairs, deux dômes et un interrupteur.

FAMILIARITÉ

Sir Avery avait trois filles : de vraies triplées, dont une fut élevée par son ex-femme. Clara et Betty ont reconnu la physionomie familière de leur sœur perdue de vue depuis longtemps et ont été fâchées de comprendre que l'héritage devrait être divisé en trois.

SYSTÈME DE VALEURS II

Le nombre manquant est 12.

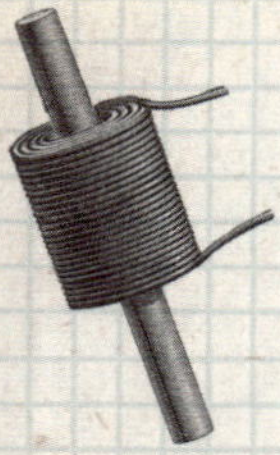
5
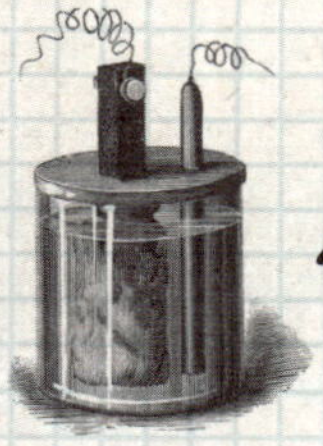
4
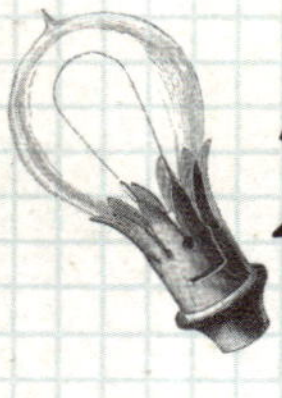
2

3

SUITE II

La réponse est 8. La suite correspond au nombre de lettres que compte le nom de chaque mois de l'année.

Janvier	Février	Mars	Avril
Mai	Juin	Juillet	Août
Septembre	Octobre	Novembre	Décembre

RÉSEAU ÉLECTRIQUE II

COMPLÉTEZ LA GRILLE IV

SYSTÈME DE VALEURS III

Le nombre manquant est 13.

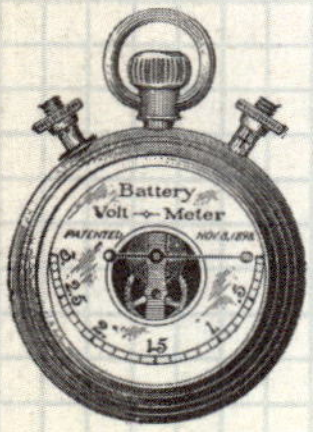

7

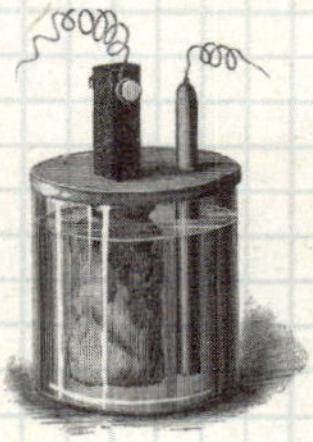

1

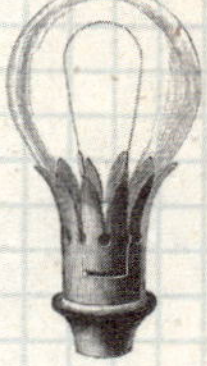

3

5

« La vie est et restera toujours une équation insoluble, mais elle comporte certains facteurs connus. »

NIKOLA TESLA

TRANQUILLITÉ D'ESPRIT

INSCRIVEZ VOTRE NOM

T	E	S	L	A
S	L	A	T	E
A	T	E	S	L
E	S	L	A	T
L	A	T	E	S

LE GOLEM EST VIVANT!

Professeur	Lieu	Golem	Issue
Van der Volt	New York	Bob	Massacre
Bankenstein	Paris	Jerry	S'est marié
Knutz	Berlin	Ron	Héros national
Phreekdoubt	Londres	Phil	Thérapie

LA BLAGUE À 50000 DOLLARS

Les deux hommes séjournaient dans des chambres voisines d'un même hôtel. Les ronflements d'Edison avaient empêché Tesla de dormir. Pendant de nombreuses années, Tesla a logé dans la chambre 3 327 de l'hôtel New Yorker.

COMPLÉTEZ LA GRILLE V

XX	X	
XO	X	
XX	X	

ALIMENTATION ÉLECTRIQUE I

IMPOSTEUR

Hardy s'était bien renseignée par avance et avait découvert que le docteur Jefferson avait une peur maladive des aiguilles.

SYSTÈME DE VALEURS IV

Le nombre manquant est 22.

URBANISME II

RÉSEAU ÉLECTRIQUE III

« L'histoire de la science montre que les théories sont périssables. Chaque fois qu'une nouvelle vérité est révélée, nous comprenons un peu mieux la Nature, et nos conceptions et nos points de vue évoluent. »

NIKOLA TESLA

PERDU DANS LA GRILLE

L	S	L	L	T	S	S	L	A	E	E	T	S	S	L	A	L	A
T	A	S	L	E	S	L	T	S	S	L	A	T	S	L	T	T	S
A	L	L	T	S	E	A	S	S	T	A	L	L	E	L	E	E	S
S	S	A	S	E	S	L	R	L	E	T	E	L	T	T	E	S	E
S	L	S	L	S	A	T	E	A	E	E	S	L	A	T	L	S	A
L	L	L	A	T	E	S	A	T	L	S	T	A	L	L	A	A	T
S	T	S	S	E	S	L	S	T	S	L	E	S	T	S	S	L	A
T	E	S	L	E	A	S	L	A	E	E	E	T	E	S	L	T	S
S	S	E	A	L	A	S	T	S	S	L	L	S	S	E	A	S	S
A	T	S	L	A	S	L	S	S	T	A	T	A	T	S	L	S	T
L	S	T	E	S	A	L	S	T	A	S	A	L	S	T	E	L	L
S	L	E	T	T	E	S	A	E	E	T	S	S	L	E	T	E	S
L	T	E	E	A	S	L	E	S	T	E	S	L	T	E	E	S	T
T	S	S	L	A	S	S	L	A	E	S	E	A	S	S	S	E	A
E	S	L	T	S	S	L	T	S	S	T	S	S	L	A	T	S	L
S	E	A	S	S	T	A	L	L	A	E	S	L	T	L	L	T	E
T	S	S	L	A	E	S	T	S	S	E	S	L	T	S	L	E	T
E	S	L	T	S	E	T	E	S	L	S	E	A	S	L	T	E	E

COMPLÉTEZ LA GRILLE VI

X	O	X
O	O	O
X	O	X

FRÉQUENCE I

1 : Isaac Newton
2 : Albert Einstein
3 : Michael Faraday
4 : Nikola Tesla

ALIMENTATION ÉLECTRIQUE II

LE FOU DE HARLEM

La célébrité de Cinqcents et la curiosité cruelle des gens lui assuraient d'être abordé régulièrement par des personnes désireuses de lui donner une pièce de cinq cents.

VIVE LA FRANCE

CONTREBANDIERS

Le gang faisait entrer des véhicules volés en contrebande dans le pays.

SCIENCE ET CATASTROPHE

Professeur	Spécialité	Catastrophe	Solution
Dick Dorkins	Astrophysique	Crue mondiale	Installation sur Mars
Ty Neilson	Biologie marine	Chute de météorites	Vie sous terre
Harry Stottle	Géologie	Invasion d'extraterrestres	Mutation génétique
Gary Leo	Paléontologie	Ère glaciaire	Robots domestiques

RÉSEAU ÉLECTRIQUE IV

COMPLÉTEZ LA GRILLE VII

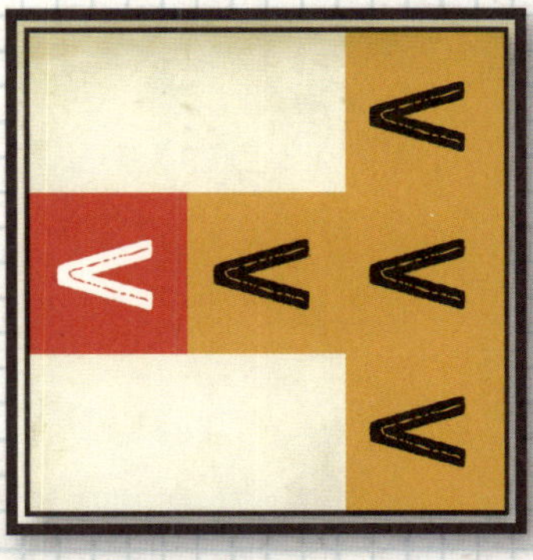

SYSTÈME DE VALEURS V

Le nombre manquant est 22.

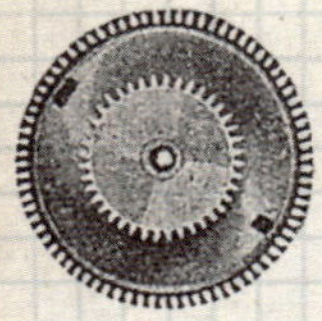 **1** 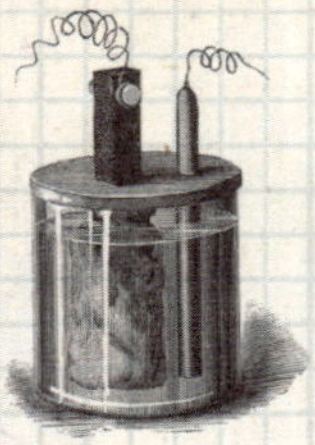 **6**  **4**  **6**

« De même que dans la nature tout n'est que flux et reflux, mouvements ondulatoires, il semble que dans tous les secteurs de l'industrie les courants alternatifs – les mouvements ondulatoires électriques – vont prendre le dessus. »

NIKOLA TESLA

ALIMENTATION ÉLECTRIQUE III

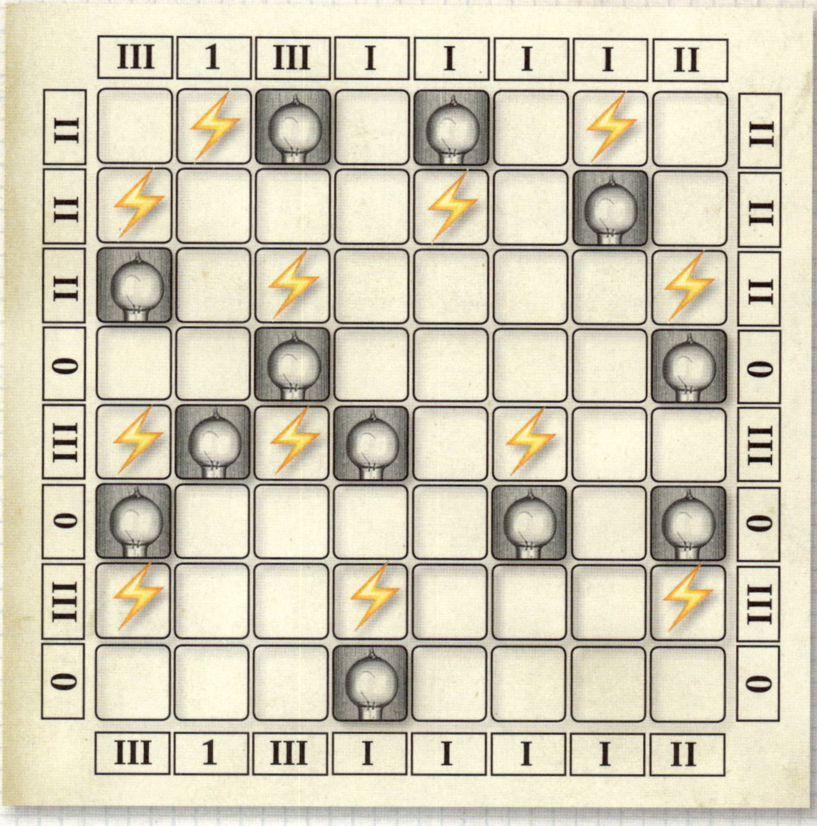

RECHERCHES

Seuls les comptables peuvent déclarer être statisticiens car les vrais statisticiens doivent faire croire qu'ils sont autre chose et les biochimistes ne peuvent pas mentir. L'équipe 2 est donc l'équipe Alpha.

Alpha (2)

6 comptables transforment la vérité et deviennent donc **6 statisticiens**

Les biochimistes ne peuvent pas prétendre être autre chose que ce qu'ils sont et nous savons que certains doivent faire partie de l'équipe Charlie, aussi l'équipe Charlie est nécessairement l'équipe 1.

Charlie (1)

2 biochimistes affirment honnêtement qu'ils sont biochimistes.

2 statisticiens affirment fallacieusement qu'ils sont biochimistes.

2 comptables transforment la vérité et deviennent biochimistes.

Il en résulte que l'équipe Bravo est l'équipe 3 et doit se composer de statisticiens et de comptables.

Bravo (3)

3 statisticiens affirment fallacieusement qu'ils sont comptables.

3 comptables affirment honnêtement qu'ils sont comptables.

La directrice doit donc renvoyer 11 statisticiens menteurs !

CASSE-PIEDS

L'homme a un verre à la main, ce qui fait qu'il a trois pieds avec celui du verre.

BAGELS

Il faut d'abord déterminer le nombre de bagels que le marchand achète au départ en faisant le calcul à l'envers (c'est-à-dire en ajoutant deux bagels et en doublant le résultat) pour chaque gang.

Après le troisième gang :	1 bagel	+ 2 x 2 = 6 bagels
Après le deuxième gang :	6 bagels	+ 2 x 2 = 16 bagels
Après le premier gang :	16 bagels	+ 2 x 2 = 36 bagels

36 bagels à 0,02 $ font 0,72 $, que le marchand paie chaque jour.

Il fait donc un bénéfice quotidien (sur son unique vente d'un bagel à 1,50 $) de 0,78 $, qui lui permet tout juste d'acheter sa marchandise du lendemain et d'empocher six misérables centimes.

COMPLÉTEZ LA GRILLE VIII

« La science moderne dit : “Le soleil est le passé, la terre est le présent, la lune est l’avenir.” Ainsi, nous tirons nos origines d’une masse incandescente et sommes voués à nous transformer en une masse gelée. La loi de la nature est impitoyable, et nous sommes, rapidement et irrésistiblement, entraînés vers notre destin. »

NIKOLA TESLA

NOUVEAU MONDE

ENCHÈRES FUNESTES

Acheteur	Cible	Motivations	Offre
Mafia	Tour Eiffel	Vengeance	100 millions $
Yakuza	Maison-Blanche	Chantage	250 millions $
Triades	Big Ben	Pouvoir	901 millions $
Cartels	Chapelle Sixtine	Amusement	666 millions $

COMPLÉTEZ LA GRILLE IX

0	0	0
0	X	0
0	0	0

SUITE III

101. Les nombres de la ligne inférieure sont les équivalents en base 3 (ternaire) des nombres décimaux de la ligne supérieure.

Un	Deux	Trois	Quatre	Cinq
1	2	10	11	12
Six	Sept	Huit	Neuf	Dix
20	21	22	100	**101**

SYSTÈME DE VALEURS VI

Le nombre manquant est 19.

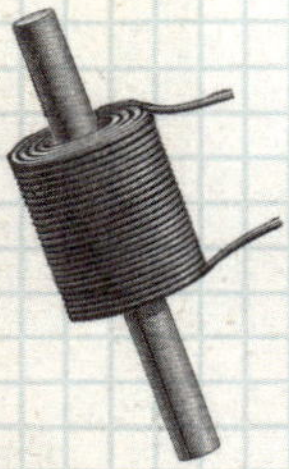
8
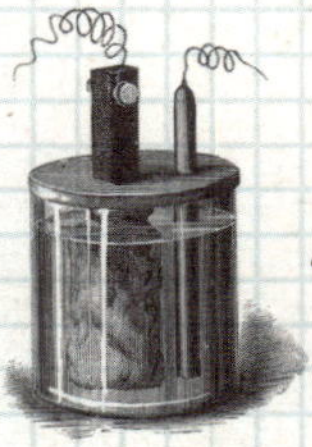
4
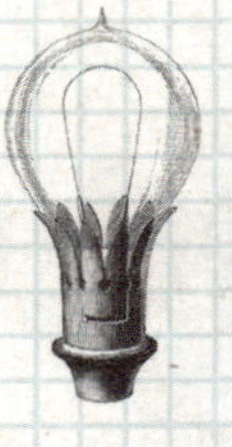
3

7

ALIMENTATION ÉLECTRIQUE IV

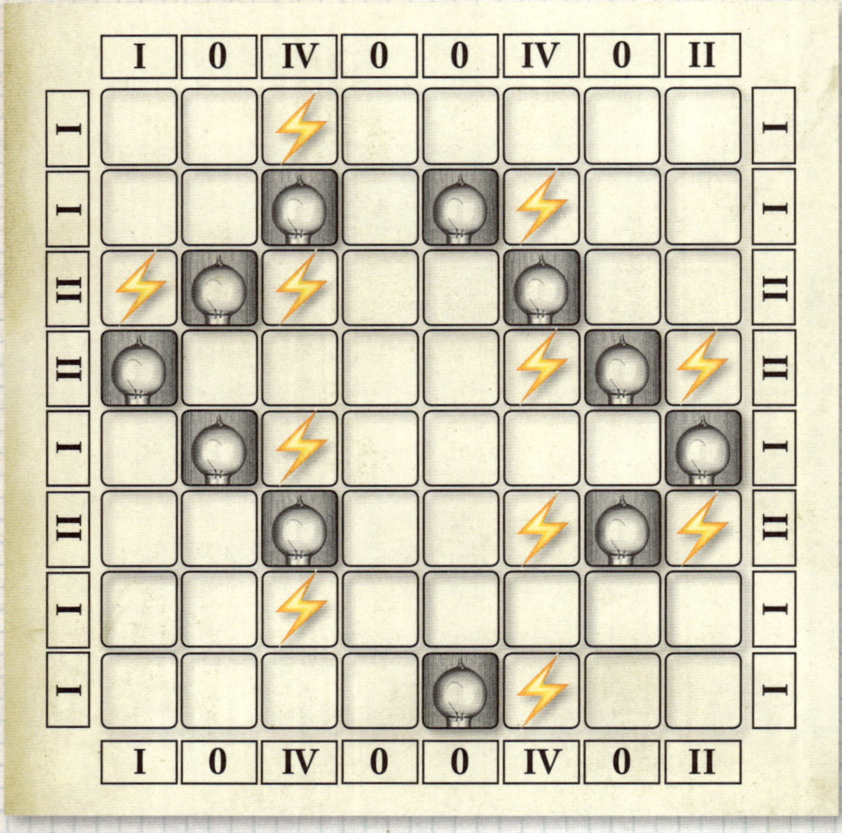

MARATHON

Aucune. Vous avez pu être tenté de répondre « bronze » si vous avez fait l'erreur de penser que Jack se retrouvait en première position en doublant le second coureur ; en réalité, Jack a remplacé celui-ci à la deuxième place puis été relégué à la quatrième place par les deux autres coureurs.

RÉSEAU ÉLECTRIQUE V

GUERRE DES COURANTS

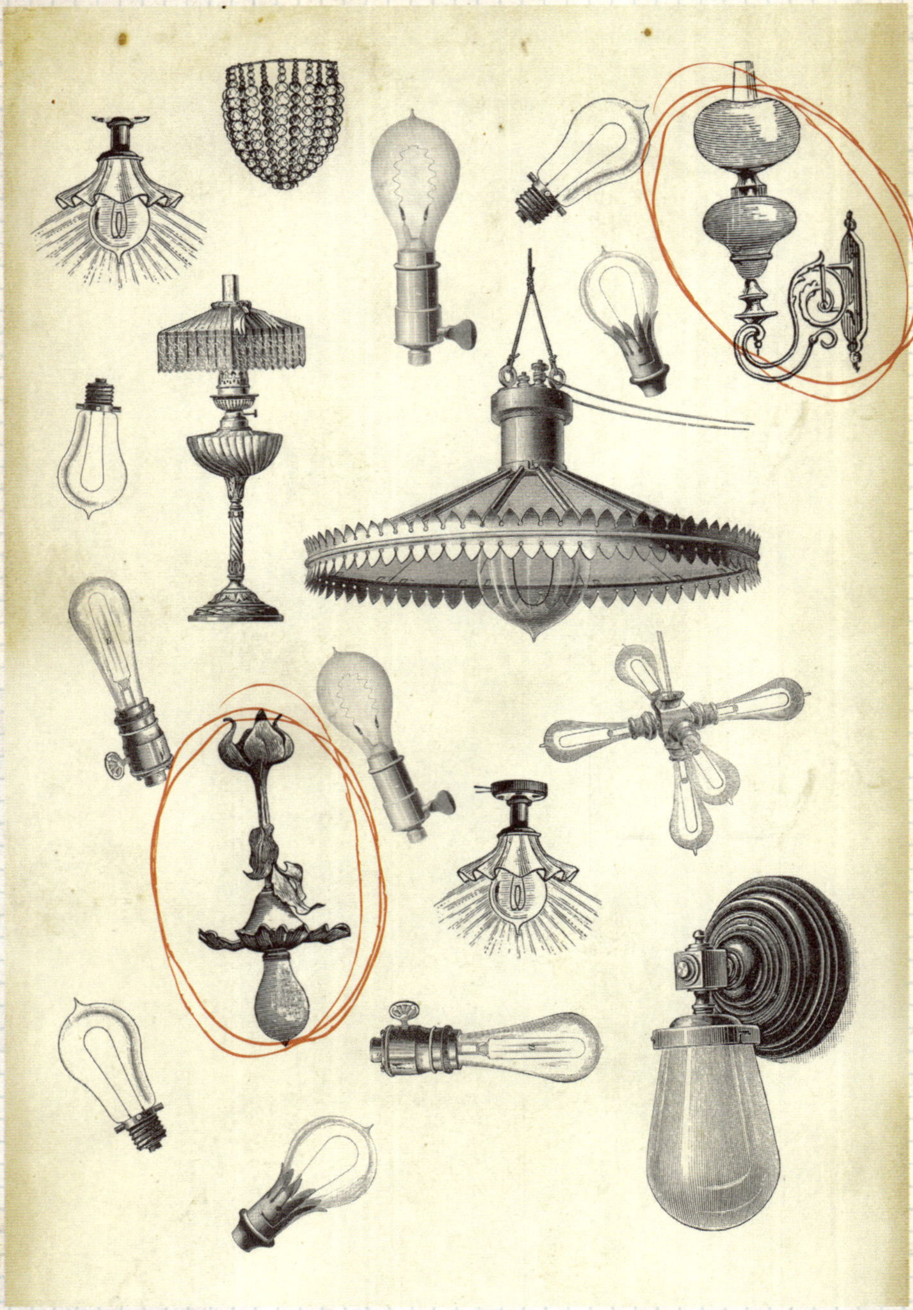

ALIMENTATION ÉLECTRIQUE V

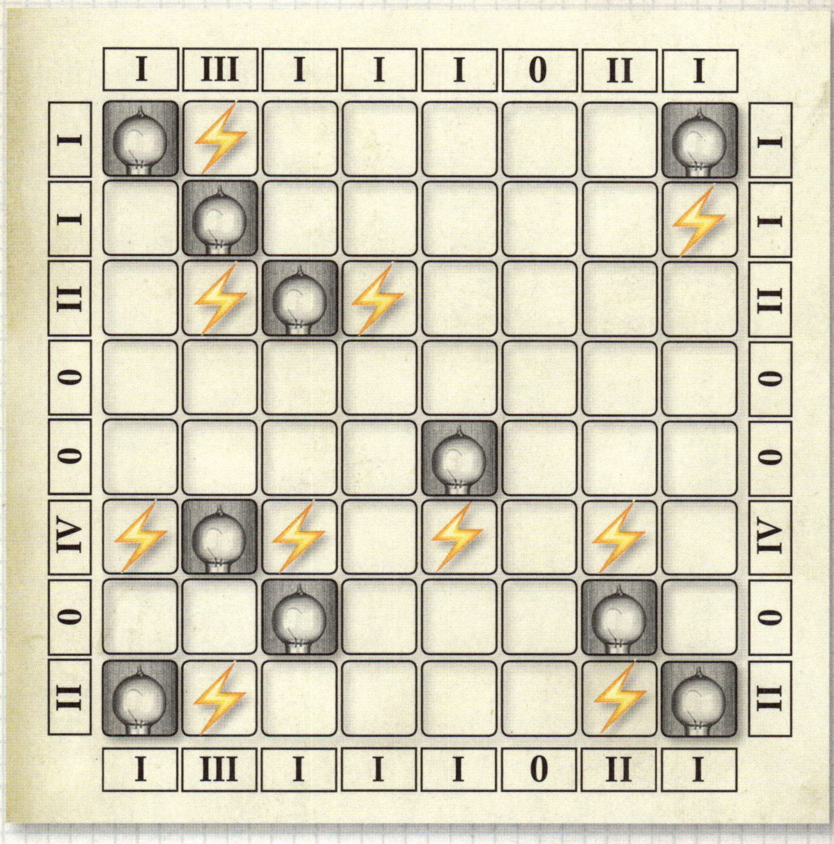

MULTIDISCIPLINARITÉ

	GROHL	HENDRIX	DICKINSON
CHIMIE		✓	✓
GÉOLOGIE	✓	✓	
ZOOLOGIE	✓		✓
MATHÉMATIQUES	✓	✓	
PSYCHOLOGIE	✓		✓
ASTRONOMIE		✓	✓

COMPLÉTEZ LA GRILLE X

SYSTÈME DE VALEURS VII

Le nombre manquant est 26.

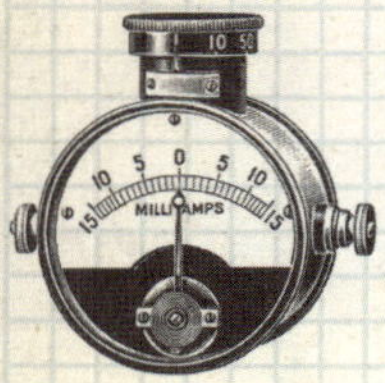

8

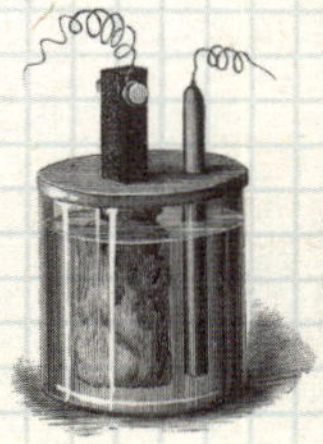

3

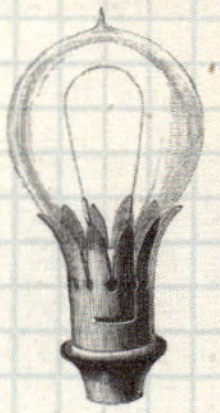

5

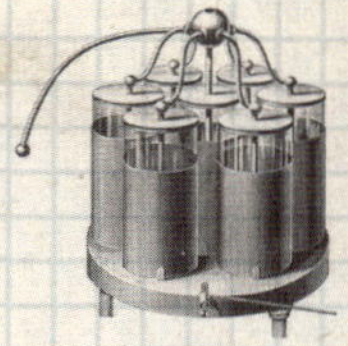

7

PRÉDATEURS

Tesla fait allusion à l'orgueil d'Edison.

DÉDUCTION LOGIQUE II

D. Les deux barres intérieures sont de la même couleur que les barres extérieures/centrale de la figure précédente ; les trois barres extérieures/centrale sont de la même couleur que les symboles de la figure précédente et les symboles sont de la même couleur que les barres intérieures de la figure précédente. Les symboles représentent la suite de nombres 1, 2, 3, 4 en binaire.

TÉLÉFORCE

La **tour B** a la cadence de tir la plus rapide.
Le facteur important ici est l'intervalle de temps entre deux tirs.

Tour A : il y a 4 intervalles entre le premier et le cinquième tir ; en divisant le temps de référence par le nombre d'intervalles, on obtient 1,25 seconde par intervalle.

Tour B : il y a 9 intervalles entre le premier et le dixième tir ; en divisant le temps de référence par le nombre d'intervalles, on obtient 1,11 seconde par intervalle.

La tour A mettra donc 13,75 secondes à tirer dix rayons (11 intervalles) tandis que la tour B mettra 12,21 secondes.

COMPLÉTEZ LA GRILLE XI

RÉSEAU ÉLECTRIQUE VI

FRÉQUENCE II

1. Léonard de Vinci
2. Benjamin Franklin
3. Thomas Edison
4. Blaise Pascal

VILLE ÉLECTRIQUE

Prix	Ville	Maire	Innovation
Premier prix	Jackson	Horan	Base spatiale
Deuxième prix	Boston	Payne	Stade anti-gravité
Troisième prix	Miami	Styles	Dôme sous-marin
Quatrième prix	Seattle	Tomlinson	Maîtrise de la météo

COMPLÉTEZ LA GRILLE XII

SE RENDRE À L'ÉVIDENCE

Alice conclut que tout le monde rit car elles croient, comme elle au départ, ne pas être affectées. Si Brigitte croyait cela et avait vu que le visage d'Alice n'avait pas changé, Carly n'aurait aucune raison de rire ; Brigitte estimerait alors que Carly se moque d'elle et cesserait de rire. Brigitte n'ayant pas arrêté de rire, elle a dû en conclure que Carly se moquait d'Alice.

SYSTÈME DE VALEURS VIII

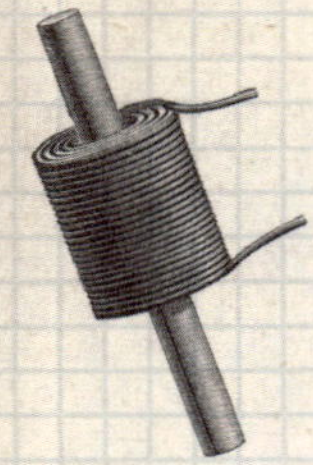 4 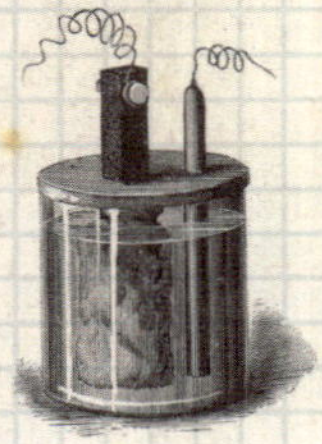 7 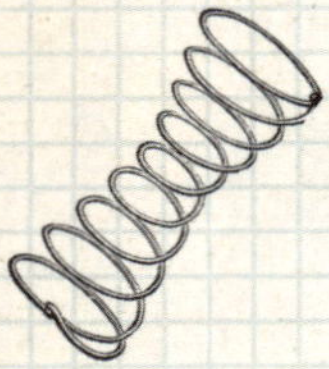 9  5

INTRUSION

Les deux hommes étaient des pompiers.
Hélas, un incendie a réellement détruit le laboratoire de Tesla
sur la Cinquième Avenue en 1895.

URBANISME III

À VRAI DIRE

La première affirmation d'Alfred est fausse. Il a généré 4 000 watts.
La dernière affirmation de Bart est fausse. Il a généré 4 800 watts.
La deuxième affirmation de Charlie est fausse. Il a généré 3 600 watts.

COMPLÉTEZ LA GRILLE XIII

SERVICE TECHNIQUE

Nom d'utilisateur	Email	Mot de passe	Problème
CB1	@yaaboo.com	Chuis1nul	Fichiers perdus
PlgPen	@hatemail.net	ICU812	Coupure de courant
SnOOpee	@gargle.com	motdepasse	Virus
WOOdstck	@ickypedia.org	12345	Pas de réseau

FORCE VITALE

ACHATS

Tesla achète des chiffres romains pour une horloge analogique.
Chaque trait coûte 5 $.

I 5 $
V 10 $
VI 15 $
XII 20 $

COMPLÉTEZ LA GRILLE XIV

SYSTÈME DE VALEURS IX

Le nombre manquant est 28.

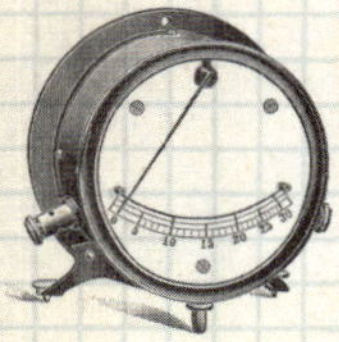 6 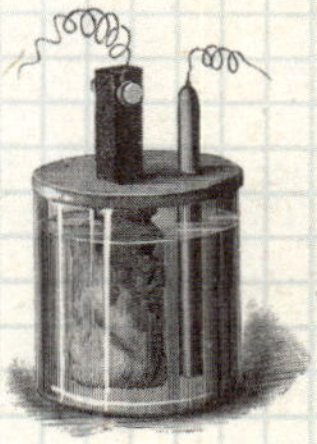 5 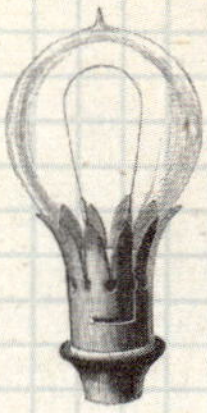 8 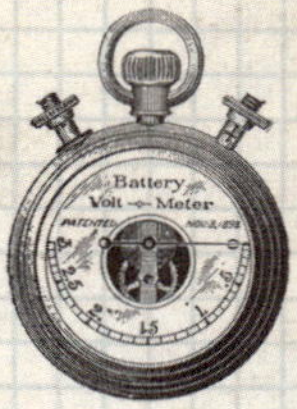

9

CÂBLAGE

Tesla doit descendre au moins deux fois.
Il descend une première fois au sous-sol où les trois câbles sont étiquetés. Il raccorde le câble A au câble B et remonte à l'étage. Là, il connecte deux câbles à son appareil jusqu'à trouver, parmi les trois combinaisons possibles, celle qui forme un circuit. Le câble restant est donc le C, qu'il peut désormais étiqueter. Il relie ensuite ce câble C à l'un des deux autres auquel il appose une étiquette « A » et attache une étiquette « B » au câble restant.

De retour au sous-sol, il connecte les câbles A et C à son appareil. Si celui-ci indique la présence d'un courant, les câbles sont bien étiquetés, sinon il lui suffit d'inverser les étiquettes « A » et « B » à l'étage.

COMPLÉTEZ LA GRILLE XV

« Toute connaissance ou conception d'une forme est évoquée par l'intermédiaire de l'œil, soit en réaction à des perturbations perçues directement par la rétine, soit à leurs infimes effets secondaires et répercussions. Les autres organes sensoriels peuvent seulement provoquer des sensations sans existence réelle et ne permettant pas de former une conception. »

NIKOLA TESLA

ALIMENTATION ÉLECTRIQUE VI

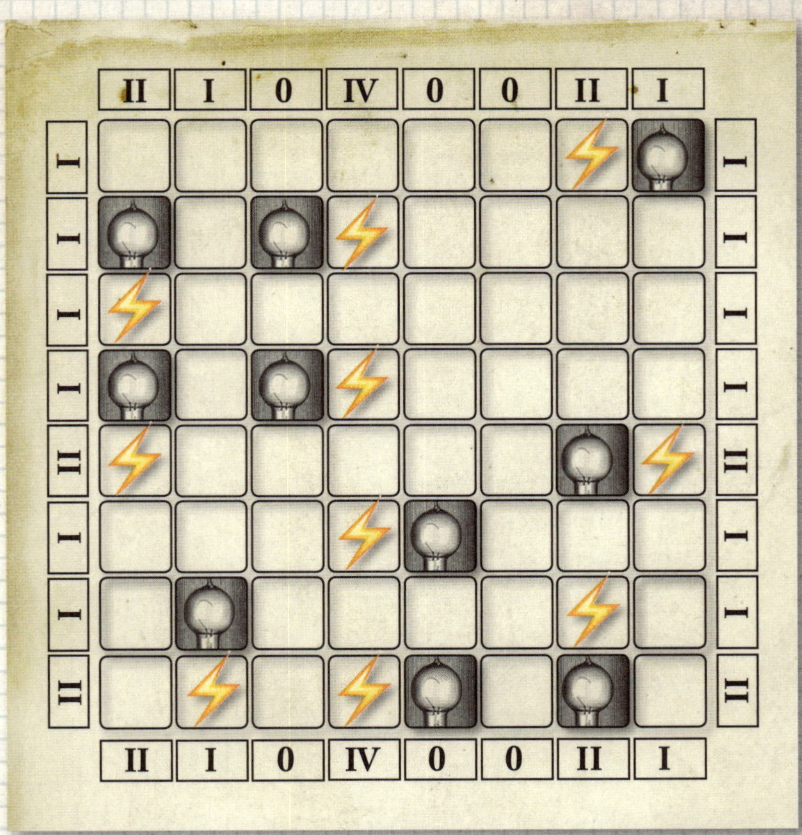

GÉNIE CACHÉ

Il y a 14 grands penseurs dans la grille.

N	I	E	T	S	N	E	G	T	T	I	W	A	L	O	A	G	A
O	C	A	O	A	E	K	A	D	I	P	U	I	M	Y	V	O	A
R	I	T	Z	I	C	N	M	I	J	E	H	F	A	G	G	Y	S
A	Y	B	W	D	E	Y	A	W	A	C	E	V	U	S	A	A	R
W	S	A	P	G	E	A	L	S	E	T	K	A	Z	E	L	C	D
D	I	N	A	C	A	O	O	I	A	O	G	A	D	F	I	G	E
A	Q	E	S	A	V	H	L	Z	E	N	E	L	E	A	L	O	T
A	T	C	C	O	B	J	Z	E	E	L	C	Q	S	F	E	E	D
S	R	A	A	K	O	C	A	E	G	T	V	U	Y	A	E	U	A
A	G	Z	L	O	H	H	P	E	W	N	U	O	R	S	O	E	R
V	I	F	M	B	R	A	I	T	C	Q	A	D	Z	I	T	H	D
O	M	E	V	E	T	E	G	O	O	S	X	L	A	I	E	A	Y
S	A	N	H	A	U	D	C	T	L	E	L	O	E	M	N	G	A
E	S	E	T	A	R	C	O	S	Q	I	E	J	A	H	P	E	B
D	S	I	O	Y	E	B	A	I	E	N	B	M	O	A	C	J	I
E	R	T	D	V	L	A	T	R	S	S	A	T	E	S	A	I	L
M	A	R	C	E	A	P	J	A	A	T	N	A	C	X	E	H	M
I	Y	D	E	D	S	H	A	U	T	E	E	V	F	R	A	S	O
H	O	I	N	Q	L	C	V	E	A	I	N	B	I	G	K	D	K
C	A	B	G	A	M	U	A	S	N	N	A	O	U	A	E	B	A
R	S	K	A	F	E	A	R	R	E	P	I	E	T	O	X	P	M
A	A	Z	H	I	D	L	Z	N	T	A	D	M	A	A	L	T	S
Y	U	A	S	E	M	A	E	J	A	E	P	A	N	I	L	H	X
I	A	I	C	N	I	V	E	D	O	N	S	O	I	U	R	P	I

(Ludwig) WITTGENSTEIN, (Blaise) PASCAL, GALILÉE, (Nikola) TESLA, (Niels) BOHR, MICHELANGE, ARCHIMEDE, (Marie) CURIE, (Albert) EINSTEIN, ARISTOTE, (René) DESCARTES, SOCRATES (version anglaise), PLATON, (Léonard de) VINCI

COURSE À L'ESPACE

Équipe	Mission	Chef	Résultat
Alpha	Atterrissage sur Mars	Daniel Daring	Troisième
Bravo	Base lunaire	Crash Cordon	Premier
Charlie	Station solaire	Roger Bucks	Quatrième
Delta	Destruction d'astéroïdes	James Kerk	Deuxième

RÉSEAU ÉLECTRIQUE VII

DÉDUCTION LOGIQUE III

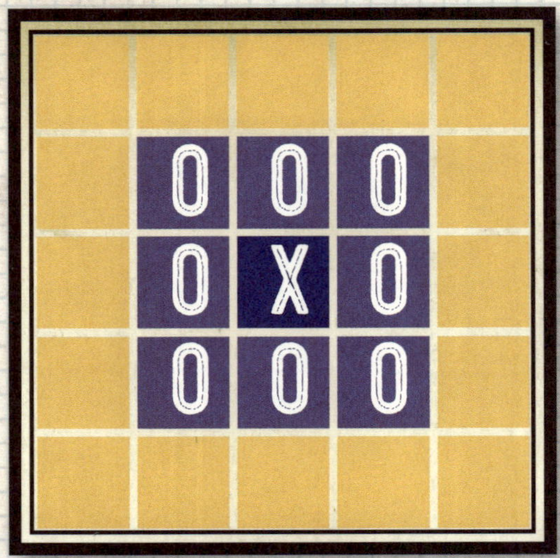

C. Les structures intérieures alternent. La strate centrale est de la même couleur que la strate extérieure de l'image précédente ; la strate intermédiaire est de la même couleur que la strate centrale précédente et la strate extérieure est de la même couleur que la strate intermédiaire précédente.

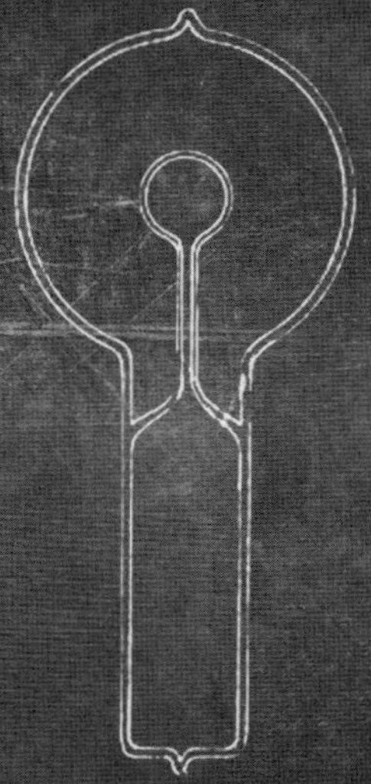

« L'étude de l'électricité
nous a révélé le rapport étroit
qui existe entre des forces
et des phénomènes très différents
et nous a ainsi menés
à une compréhension plus globale
de la Nature et de ses nombreuses
manifestations
à nos sens. »

NIKOLA TESLA

AMIS À PLUMES

COMPLÉTEZ LA GRILLE XVI

URBANISME IV

SYSTÈME DE VALEURS X

Le nombre manquant est 27.

 1  5 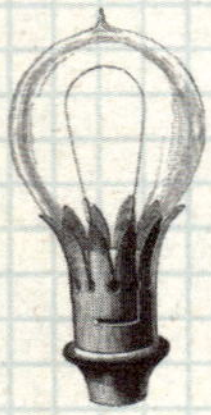 8 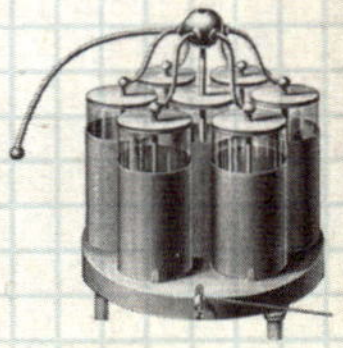 9

MARK TWAIN

La citation a été dépouillée des espaces et de la ponctuation
et divisée en groupes de sept lettres, dont l'ordre a ensuite été inversé.

« La différence entre le mot presque juste et le mot juste est de la plus haute importance – c'est la différence entre la luciole[1] et la foudre. »

[1] Mark Twain marque également une nuance au niveau formel en anglais, « luciole » et « foudre » traduisant respectivement « lightning-bug » et « lightning ». (N.d.T.)

« Nous devrions tous considérer notre corps comme un présent inestimable d'une entité que nous aimons par-dessus tout, une merveilleuse œuvre d'art d'une beauté indescriptible, un mystère dépassant l'entendement humain et si délicat qu'un mot, un souffle, un regard ou même une pensée peut suffire à le blesser. »

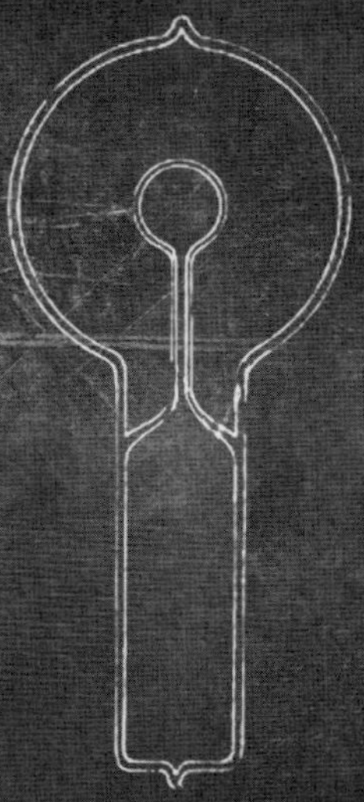

NIKOLA TESLA

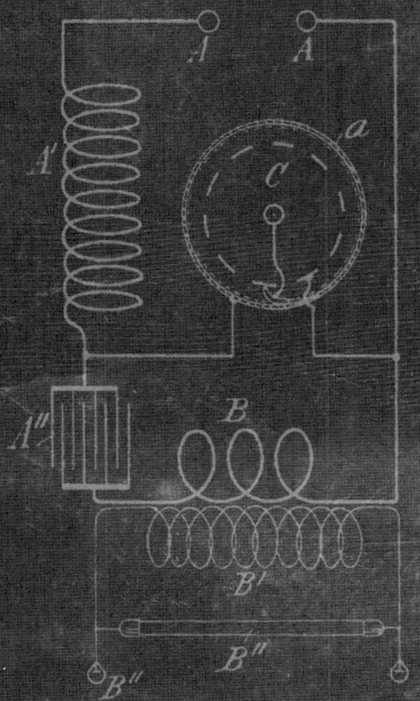

ALIMENTATION ÉLECTRIQUE VII

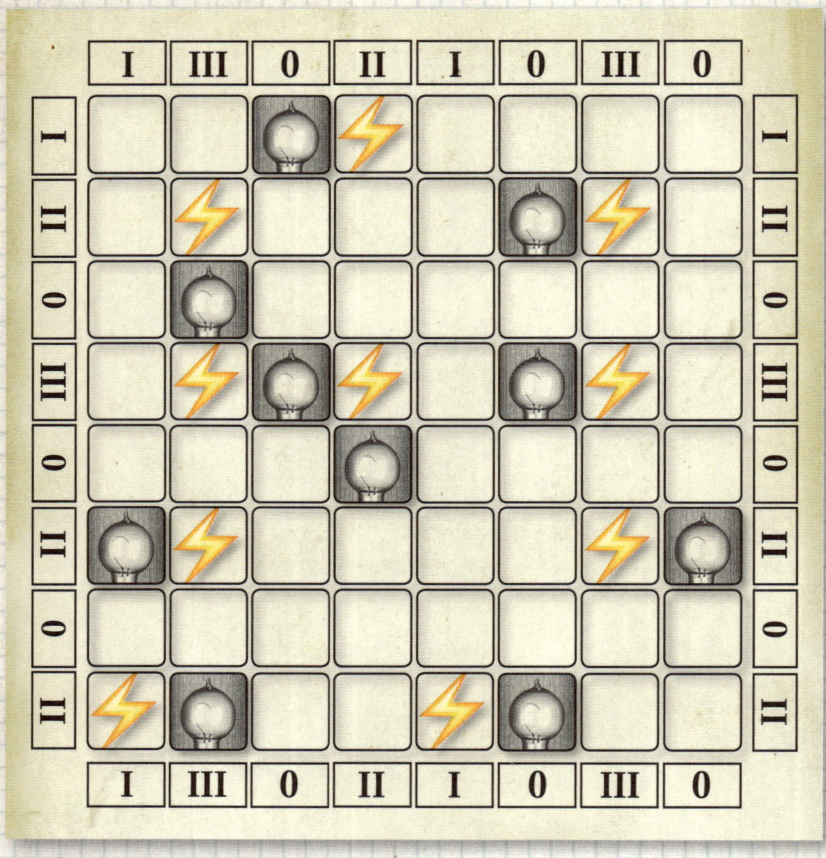

TOUR DE RÊVES

Si on ne réfléchit pas suffisamment, on pourrait répondre 100 000 $, mais cela amènerait le coût de construction seul à 1 000 000 $, et donc la facture totale à 1 100 000 $. La bonne réponse est 50 000 $.

COMPLÉTEZ LA GRILLE XVII

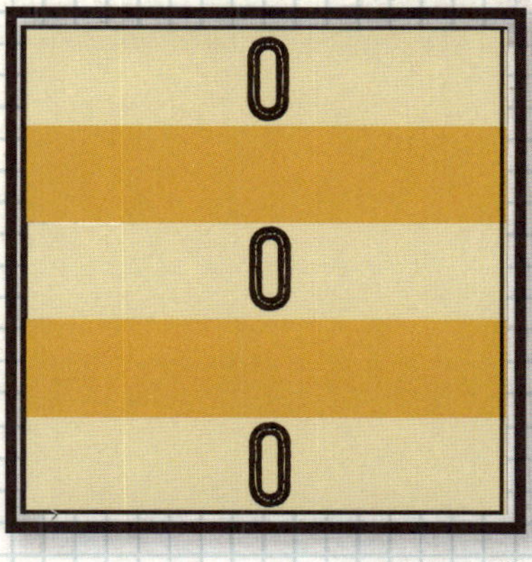

URBANISME V

« Nous ne construisons que pour détruire ensuite. La majorité de notre travail et de nos ressources est gaspillée. Nos progrès futurs sont marqués par la dévastation. Tout n'est qu'une consternante perte de temps, d'effort et de vie. Une vision sombre, mais réaliste. »

NIKOLA TESLA

COMPLÉTEZ LA GRILLE XVIII

FRAPPE, BATTEUR!

Non. Henry était le poisson rouge des enfants.
Ce n’est pas une bonne idée de jouer au baseball dans la maison.

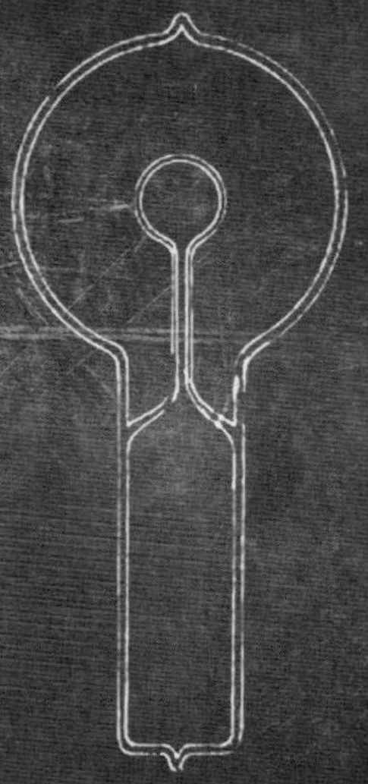

« Le problème avec de nombreux inventeurs, c'est qu'ils manquent de patience. Ils manquent de la volonté d'élaborer quelque chose lentement, distinctement et intelligemment dans leur esprit afin de pouvoir vraiment "sentir cette chose fonctionner". Ils veulent tout de suite expérimenter leur première idée ; et il en résulte qu'ils dépensent beaucoup d'argent et utilisent beaucoup de matériel de bonne qualité pour découvrir finalement qu'ils œuvrent dans la mauvaise direction. Nous commettons tous des erreurs, mais mieux vaut le faire avant de commencer. »

NIKOLA TESLA

DÉDUCTION LOGIQUE IV

C. Les nombres tournent dans le sens des aiguilles d'une montre. Le nombre central est la somme des nombres situés dans le coin supérieur droit et dans le coin inférieur gauche. Le « T » plus foncé tourne dans le sens inverse des aiguilles d'une montre.

CONFÉRENCE SCIENTIFIQUE

Trois scientifiques seulement.

« L'avenir nous dira quel sera le résultat de ces recherches ; mais quel qu'il soit, et où que mène ce principe, je serai suffisamment récompensé s'il est reconnu plus tard que j'ai apporté ma contribution, aussi minime soit-elle, au progrès de la science. »

NIKOLA TESLA